EURYDICE
and
MÉDÉE

BLACKWELL FRENCH TEXTS
General Editor: Glanville Price

La Chanson de Roland (ed. F. Whitehead)
Anouilh Eurydice *and* Médée (ed. E. Freeman)
Baudelaire Les Fleurs du Mal (ed. Enid Starkie)
Beaumarchais Le Barbier de Séville (ed. E.F.J. Arnould)
Beaumarchais Le Mariage de Figaro (ed. E.F.J. Arnould)
Corneille Polyeucte (ed. R.A. Sayce)
Corneille Le Cid (ed. P.H. Nurse)
Eluard Capitale de la douleur (ed. Vera J. Daniel)
Giono Colline (ed. Brian Nelson)
Laforgue Poems (ed. J.A. Hiddleston)
Marie de France Lais (ed. A. Ewert)
Molière Dom Juan ou le Festin de pierre
(ed. W.D. Howarth)
Molière L'Ecole des femmes *and* La Critique de l'Ecole des
femmes (ed. W.D. Howarth)
Molière Le Misanthrope (ed. G. Rudler)
Montherlant Port-Royal (ed. Richard Griffiths)
Racine Mithridate (ed. G. Rudler)
Radiguet Le Diable au corps (ed. Richard Griffiths)
Robbe-Grillet Dans le labyrinthe (ed. David Meakin)
Ronsard Poèmes (ed. André Barbier)
Rostand Cyrano de Bergerac (ed. H. Ashton)
Voltaire Candide (ed. O.R. Taylor)
Voltaire L'Ingénu *and* Histoire de Jenni
(ed. J.H. Brumfitt and M.I. Gerard Davis)
Voltaire Lettres Philosophiques (ed. F.A. Taylor)

EURYDICE
and
MÉDÉE

Jean Anouilh

*Edited with an Introduction
and Notes by*
E. FREEMAN

BASIL BLACKWELL

© in this edition Basil Blackwell Ltd 1984

The French texts: © Éditions de LA TABLE RONDE, 1941, for *Eurydice*, and 1946, for *Médée*, reproduced by kind permission

First published 1984
Reprinted 1988

Basil Blackwell Ltd
108 Cowley Road, Oxford OX4 1JF, England

Basil Blackwell Inc.
432 Park Avenue South, Suite 1503
New York, NY 10016, USA

All rights reserved. Except for the quotation of short passages for the purpose of criticism and review, no part of this publication may be reproduced, stored in a retrieval system, or transmitted, in any form or by any mean, electronic, mechanical, photocopying, recording or otherwise, without the prior permission of the publisher.

British Library Cataloguing in Publication Data

Anouilh, Jean
  Eurydice; and, Médée.—(Blackwell French texts)
  1. Anouilh, Jean
  I. Title.   II. Freeman, E.
  III. Anouilh, Jean. Médée
  842'.912   PQ2601.N67Z/

ISBN 0-631-13692-4

Printed in Great Britain by The Camelot Press Ltd, Southampton
Typesetting by Pen to Print, Oxford

CONTENTS

Introduction	vii
The Theatrical Background: Greek Myth In the French Theatre	vii
Anouilh and the Modern French Theatre	xviii
The World of Jean Anouilh	xxii
Introduction to *Eurydice*	xxv
Introduction to *Médée*	xxxv
Bibliography	xlvii
EURYDICE	1
MÉDÉE	159
Notes to *Eurydice*	206
Notes to *Médée*	210

INTRODUCTION

'A myth is the sum of all its versions; it remains the same as long as it is felt as such.'

Claude Lévi-Strauss.

'Il y a l'amour bien sûr. Et puis il y a la vie, son ennemie'.
Le Général, *Ardèle*.

Eurydice and *Medée* are two of the four plays that Jean Anouilh derived from ancient Greek mythology. Besides the best known of all, *Antigone*, there is the late work based on Aeschylus' *Libation Bearers* to which the author gave the significant title (significant, that is, in his world) *Tu étais si gentil quand tu étais petit*. This was performed in 1972, but in fact incorporates the brief fragments of an *Oreste* published by Anouilh as early as 1945.[1] He is thus one of a number of mid-twentieth century French dramatists, the most notable being Cocteau, Giraudoux and Sartre, who between them have created a body of plays based on Greek myth. In so doing they have demonstrated the vitality of a French tradition dating back to the Renaissance.

THE THEATRICAL BACKGROUND: GREEK MYTH IN THE FRENCH THEATRE

For more than a century before the mature masterpieces of Jean Racine (*Andromaque*, 1667; *Iphigénie*, 1674, and *Phèdre*, 1677) humanist scholars had attempted to revive what they considered to be both the body and the spirit of ancient Greek tragedy, with which they were familiar often through the

[1] La Table Ronde, 1945, cf. also R. de Luppé, *Jean Anouilh* (Éditions Universitaires, 1959), Appendix.

filtering process of Seneca's Latin adaptations. Indeed, Seneca's *Medea* is one of the links in the chain of continuity from Euripides to Anouilh via Racine's near contemporary Corneille (*Médée*, 1635, and *La Toison d'or*, 1660). In fact if romance is taken into account as well as drama, the story of Jason and the Argonauts in their quest for the golden fleece had been established in the French literary tradition at the height of the medieval period, most strikingly in Benoît de Sainte-Maure's *Roman de Troie* (c.1160). During the three hundred year period from Racine to our own time the flow of Greek source material, although checked, never dried up completely. A particularly arid period occurred in the first half of the nineteenth century. The success of the popular melodrama and of the Romantic drama proper in the 1830s brought with it, virtually as a *sine qua non* as far as the Romantic writers clustered round Victor Hugo were concerned, a decline in the use of classical themes. They were supplanted by medieval, Renaissance or contemporary subject matter. But with the decline of Romantic drama in its turn in the 1840s there came a revival of interest. H. L. Nostrand in *Le théâtre antique et à l'antique en France de 1840 à 1900*[2] records over five hundred titles of translations and adaptations of Greek and Roman material.

In the period covered by Nostrand two things, seemingly incompatible, started to happen. On the one hand, thanks to the considerable advances that were being made in classical scholarship throughout Europe as well as in France, a far greater understanding of both the profundity and the diversity of ancient Greek culture developed. The consequence was a sensitivity, nowhere keener than in Nietzsche in Germany, to the metaphysical complexity of a civilization hitherto considered tranquil and apolline. In France, Leconte de Lisle's translation of the *Oresteia* signalled an awakening of interest in Aeschylus, who had been virtually eclipsed in the seventeenth century consciousness by Euripides. The dramas of the latter are scarcely serene, yet they were easier for the rationalizing contemporaries of Racine to integrate into the universe of the *Roi-Soleil* than were the 'primitive' and subterranean

[2] Droz, 1934.

mysteries of Aeschylus. Now Leconte de Lisle sought to de-classicize the ancient Greek names for French eyes and ears by a deliberate and consistent choice of more archaic spellings: *Les Sept contre Thèba*, Prométhéus, Klytaimnestra, etc. At the same time there was a movement to de-Parisianize (in all senses) the performance of the ancient texts. In the second half of the century a number of open-air dramatic festivals were held in the Roman theatre at Orange, where the dramas of antiquity were performed as authentically as current knowledge permitted.

On the other hand, and at the same time as this sensitivity to ancient Greek civilization increased, there developed a totally contrasting current of Greek-derived literature. This was the vogue of satire and burlesque, of which the best known examples are Offenbach's comic operas *Orphée aux enfers* (1858, libretto by Crémieux and Halévy) and *La Belle Hélène* (1864, libretto and original play by Meilhac and Halévy). In these works the ancient myths were vigorously debunked by means of a stream of facetious anachronisms and topical allusions to the less heroic aspects of Second Empire *mores*. (The genre was not entirely new; in the middle of the seventeenth century Paul Scarron in his *Virgile travesti* had made a similar ironic rapprochement between the society of his own time and the heroic world of the *Aeneid*.) Throughout the *belle époque*, the long period running up to the First World War, the vogue continued to flourish in a variety of forms, either as drama (such as Jules Lemaître's *La Bonne Hélène*) or in satirical works with no dramatic form at all, (such as Gide's *Prométhée mal enchaîné*) or else alluding to Greek myth in only the most marginal way (as in Jarry's *L'Autre Alceste* or Apollinaire's *Les Mamelles de Tirésias*). It might thus seem that by the early decades of this century a venerable French theatrical tradition had foundered on the cynicism and frivolity of the *belle époque*.

> During the fifth century at Athens, a tragic poet was usually required to present a series of three tragedies followed by one satyr-play. The chorus of such a play always consisted of sportive satyrs. These with their 'father', the drunken old Silenus, obviously connected

the play with the god Dionysus, as did their gay revels and their very frankly and indecently expressed delight in the joys of wine and love. The custom of following tragedies by such a play may have arisen after tragedies had become wholly serious and after a need had begun to be felt for re-establishing a close connection in subject matter and in tone between drama and the god in whose honor dramatic festivals were given. The production of such a play also offered variety and relief, which were doubtless very welcome to the spectator after some five hours of serious and often depressing tragedy. The variety was probably welcome also to the poet. At least, the addition of the satyr-play gives a completeness to Greek tragedy and its poets which is typical of Greek art and literature and of the Greek way of life. No one can wholly appreciate the profundity of Aeschylus or the dignity of Sophocles or the thoughtfulness of Euripides unti he has smiled at the playful fantasy and laughed at the indecency of their satyr-plays.[3]

The paradox of a burlesque tradition flourishing at the same time as a movement towards authentic performance, in places like Orange, based on reverential scholarship is of course only apparent. And, as the quotation from Harsh makes clear, the Greek tragedians themselves appended bawdy satyr-plays to their tragedies. The tetralogy thus constituted would have seemed to the French in the age of Racine — although not to English spectators of Elizabethan and Jacobean theatre — aesthetically incongruous and as such unacceptable. French theatre in the twentieth century, however, in keeping with theatre elsewhere,[4] is much more hospitable to a mixture of seemingly disparate tones, the solemn and the satirical, the elegiac and the ironic. Indeed the ironic mode is never repressed for long in the characteristic work of Cocteau, Gide, Giraudoux, Anouilh and Sartre, and far from debasing it, may be considered a vital component of its intellectual or emotional

---

[3]P. W. Harsh, *A Handbook of Classical Drama* (Stanford University Press), p. 196 (chapter on the only complete extant satyr-play, Euripides' *Cyclops*).
[4]J. L. Styan, *The Dark Comedy: The Development of Modern Comic Tragedy* (Cambridge University Press, 1968).

strategy. One of the best examples is a play well known to Anouilh during his formative years, Jean Cocteau's *La Machine infernale*. The first act contains much vulgar humour; Jocaste and Tirésias are presented as anything but the dignified and tragic figures associated with *Oedipus Rex*. Thereafter the play becomes increasingly sombre in tone during the next two acts, culminating in the immensely moving final act, 'Oedipe-Roi'. The play is thus a kind of inverted tetralogy (an aesthetic tight-rope act typical of Cocteau). Somewhat similarly, Anouilh mixes tones in *Eurydice*: Orphée's father in the opening scene of the play is not unlike the Silenus in Harsh's definition of the satyr-play. Although *Eurydice* in facts lacks the striking progression from the comic to the uniformly tragic that is a feature of the Cocteau play, it nevertheless resembles many contemporary French plays in the neo-Greek manner through its tonal ambivalence. The list given here is a short selection of the better known French plays on ancient Greek themes from the First World War onwards. It would be far longer if it included 'fragments' never seriously intended for performance, more or less straight translations (e.g. Cocteau's 'contractions') and a host of obscure works now sunk without trace.[5]

Paul Claudel	*Protée* 1913
Jean Cocteau	*Orphée* 1926
	La Machine infernale 1934
André Gide	*Oedipe* 1930
Jean Giraudoux	*Amphitryon 38* 1929
	La Guerre de Troie n'aura pas lieu 1935
	Electre 1937
Jean Anouilh	*Eurydice* 1941
	Antigone 1944
	Médée 1946 (performed 1953)
	Tu étais si gentil quand tu étais petit 1972
Jean-Paul Sartre	*Les Mouches* 1943
Maurice Druon	*Mégarée* 1942

[5] cf. S. Sobolevitch, '*L'Emploi de la mythologie classique dans le théâtre français de 1870 à 1950*' (Ph.D. Thesis, Princeton, 1953), University Microfilms International (Ann Arbor, 1981).

Henri Ghéon	*Oedipe* 1942
Georges Neveux	*Le Voyage de Thésée* 1943
Mme Simone	*La Descente aux enfers* 1947
Thierry-Maulnier	*La Course des rois* 1948
Robert Merle	*Sisyphe et la mort* 1950
André Obey	*Une Fille pour du vent* 1953

Only a few of these plays are totally comic, for example Claudel's spirited reconstruction of a satyr-play, *Protée*, which is about the tribulations of Menelaus when he is temporarily stranded on Naxos with the mindless Helen. In similar vein is Robert Merle's *Sisyphe et la mort*, a joke at the expense of Albert Camus and his rather obscure mythic hero. In his recent and much acclaimed philosophical essay *Le Mythe de Sisyphe*, Camus had presented the hero, eternally pushing his boulder to the top of a hill and then watching it roll down to the bottom, as the symbol of modern man in his absurd condition. When Merle's hero, a gritty, petit-bourgeois inn-keeper from Corinth, is threatened with this fate by Zeus, he retorts that he is not impressed:

> Eh bien! ce n'est pas si effroyable que vous voulez bien le dire. Et laissez-moi même vous avouer que ça ne me changera pas beaucoup finalement. Parce que ce que je fais ici, et depuis des années, c'est quelque chose du même genre. Je me lève tous les matins à six heures, moi. Et je balaye, et je fais le café, et je lave les verres, et je sors les tables sur la terrasse, et je sers les clients, et toute la journée je suis sur mes jambes, et le soir, je rentre les tables, et le lendemain je ressors les tables et, de nouveau, je fais le café, et je balaye, et je lave les verres. Et le lendemain je recommence. Et ainsi de suite, jour après jour. C'est ça, tenez, le travail de Sisyphe.

Other plays are not in the least comic, however, and contain not the slightest leavening of irony or parody. This is the case with *Medée* and most of the plays by the lesser known authors in the lower half of the list. In some cases these plays enjoyed a brief measure of success in the French theatre in the 1940s because of a pointed topicality — Mme Simone's Alcestis, for example, descends to a Hades resembling a kind of labour camp ruled by SS officers. But in general the lack of philosophical distancing effect that irony confers is doubtless one of the factors that explains the failure of these plays to survive alongside the best work of Giraudoux, Cocteau and Anouilh.

Before proceeding to an examination of *Eurydice* and *Médée*, it is worthwhile attempting to account for this modern French resurgence of interest in Greek myth, since it can hardly be considered a natural development from the burlesque vein of the age of Offenbach. Certainly there can be no unitary theory to offer by way of explanation. Some of the plays in the list can be explained by fashion: Paris is no exception to the rule that in the professional theatre, just as in cinema and the novel, successful bandwaggons are cluttered by leaping bodies as soon as they have started rolling. Hence the amiably parasitic *Sisyphe et la mort*. It is easy to account for imitators, but what caused the surge of interest in Greek myth in the creative imagination of artists like Cocteau and Giraudoux in the first place? To attempt to answer this question it is necessary to take note of a little known French play that is, in fact, based not on myth at all, but on ancient history, that of the period 236–222 BC. This is Jean Schlumberger's *La Mort de Sparte*, written in 1910 but not performed until 1921 — two dates separated, significantly, by the First World War. In a preface written in January 1912, Schlumberger was to claim of his Greek historical material what others have claimed of myth over the next half-century: 'L'auteur s'est avancé comme parmi des hommes qui, dans le fond, presque en toute chose, ressemblaient à ceux d'aujourd-'hui; et il n'a pas eu besoin de tirer à lui le récit de Plutarque, pour que, dans la partie qui s'y débat, notre époque parût fournir elle-meme quelques-uns des enjeux'.[6] In 1920, after the cataclysm of the intervening years, Schlumberger was to claim an even more precise degree of coincidence between antiquity and the contemporary world: 'Bien des traits de ce drame sembleront avoir été inspirés par l'expérience de la guerre: il n'en est pourtant pas un dont l'indication n'ait été empruntée à Plutarque'.[7]

[6] Éditions NRF, 1921, p. 6.
[7] ibid., p. 7.

At the very time that Schlumberger was writing, and influenced by exactly the same experiences, T. S. Eliot was making a similar observation in his review of James Joyce's *Ulysses*:

> In using the myth, in manipulating a continuous parallel between contemporaneity and antiquity, Mr Joyce is pursuing a method which others must pursue after him. They will not be imitators, any more than the scientist who uses the discoveries of an Einstein in pursuing his own, independent, further investigations. It is simply a way of controlling, or ordering, of giving a shape and significance to the immense panorama of futility and anarchy which is contemporary history.[8]

Eliot could not have foreseen that his prophesy was to be borne out in the French theatre much more than in any literary medium in the English-speaking world. Before long far more important plays than Schlumberger's *La Mort de Sparte* were to draw parallels between ancient Greek myths and contemporary dilemmas, notably *La Guerre de Troie n'aura pas lieu*, *Les Mouches* and *Antigone*. Giraudoux's play appeared to anticipate the outbreak of the Second World War, and the two last-named works were both written and performed in the middle of that war. Indeed it has become a critical commonplace to suggest that it was only in this classical guise that these two plays could have been performed. Writing about the theme of liberty in *Les Mouches* and the circumstances in which Sartre chose a form for the play, R. J. North has explained the smoke-screen principle involved:

> The theme of liberty was then peculiarly topical in the political circumstances as well as being peculiarly topical to Sartre philosophically. The form his play should take arose in part from this theme. The German censorship, however mild and however blind, would scarcely authorise the performance of a play calling on the audience to fight for liberty and subvert tyranny. Some cover was required. An ancient myth had the advantage of literary respectability and apparent lack of relevance

---

[8] T. S. Eliot, '*Ulysses*, order and myth', *The Dial*, November 1923.

to contemporary events. Moreover, the French theatre had for long flourished on modern interpretations of ancient stories.[9]

This judgement would also apply to *Antigone*, despite the fact that Anouilh is considerably more ambiguous than Sartre in his political message. For although Antigone could serve as an inspiration to the Resistance as a model of heroic self-sacrifice in the face of a ruthless oppressor, the fact remains that the play is equally susceptible to the criticism that, in his portrayal of Créon, Anouilh indulged a near-Vichyite nostalgia for law and order at any cost.[10] Yet this latter possibility would surely have been irrelevant in the censor's eyes if the play had not been cloaked in the august garb of the *Antigone* of Sophocles. This tactical recourse to Greek myth in times of political sensitivity is not in fact new in cultural history. There was a striking precedent more than two thousand years ago that is of more than coincidental interest for our study of *Eurydice*. The evidence here is drawn not from literature but from the art, decoration and inscriptions of the early Christian communities in Rome and Asia Minor in the first centuries AD. A pious sect dedicated to the principles of meekness and humility, the reconciliation of the lion and the lamb, dared make reference at that time only in an oblique or disguised form to the Christian metaphor of the Good Shepherd. To avoid persecution by the Roman overlords, early Christian artists substituted Orpheus, the mythic charmer of beasts and elements for Christ (and also the Old Testament David). A number of tomb paintings from the Roman catacombs and an ivory pyxis from Bobbio thus depict Orpheus complete with lyre and set in a composite fresco of both the Greek and biblical mythological worlds:

> These things were useful at a time when it was wise to use a symbolism which would excite no comment in the pagan world. Its real meaning would be clear to those whom it concerned. There are many examples of this

---

[9] *Les Mouches*, ed. R. J. North (Harrap, 1963), p. 39.
[10] For a fresh discussion of this aspect of Anouilh's *Antigone* see W. D. Howarth's monograph in the Edward Arnold series, *Studies in French Literature*, no. 33 (1983).

crypto-Christian symbolism in the first three centuries AD, especially in the sepulchral art and inscriptions of Asia Minor. A word of Jesus became chosen for illustration by symbol not for its intrinsic virtue alone, but also because it was capable of representation in a way which would not attract notice. The church in those days did not seek notoriety.[11]

I think there is an interesting parallel between this early Christian phenomenon and the resurgence of Greek myth in the modern French theatre. For the argument of political expediency is all right as far as it goes, but it is not far enough. It is far more significant to speak of a cultural convergence, religious in the one case, political in the other. The early Christian artists would not have made their cryptic appropriation of Orpheus if there had not been, just below the surface and perhaps frowned on by their own hierarchy, more than a little interest in what survived of the Orphic–Dionysiac mysteries. It is known that certain sects cultivated a syncretic ritual of Christian and Orphic beliefs, and an amulet of the third century depicts a *crucified* Orpheus. It is tempting similarly to discern more than mere tactical prudence as an explanation for the 'Greek' plot of *Antigone, Les Mouches* or, say, Cocteau's film *Orphée* (1950) in which much of the atmosphere of the post-war purges that nearly accounted for Cocteau found a mythic antecedent in the ancient Hades presided over by the judges of the dead. It has been argued persuasively by Jacqueline Duchemin amongst others, going one step further than T. S. Eliot on the modernity of *Ulysses*, that this whole phenomenon in the modern French theatre requires a Jungian interpretation in that it appealed to the collective unconscious of the nation at the time:

> Il a fallu que ces mythes vieux comme the monde — plus anciens, à coup sûr, dans leur essence, que la grécité même — rencontrassent chez nos devanciers immédiats, puis auprès de nous-mêmes, un écho bien puissant pour aller ainsi s'amplifiant. Il a fallu qu'ils répondissent

---

[11] W. K. C. Guthrie, *Orpheus and Greek Religion* (London, 1935), pp.264–5.

parfaitement aux tendances profondes qui cherchaient à s'exprimer.[12]

Duchemin and her colleagues have formed the interesting speculation that some of the modern French dramatists may in fact be much closer to the Greeks in spirit than were Racine and Corneille and their contemporaries. The seventeenth century French tragedians exploited the erotic and psychological possibilities of Greek myth, often refracted through Seneca, for the delectation of a sophisticated élite, a very different audience from the fourteen thousand that could pack the theatre at Epidaurus for just one performance. A good illustration of the gulf that separates the two theatrical traditions is provided by two contrasting treatments of the Medea theme. In his *Médée* of 1634 Corneille grafted onto the simple plot of Euripides and Seneca a number of baroque elements and literary motifs that bore the unmistakable hallmark of mid-seventeenth century France. Jason, torn between Médée and Créuse in true Cornelian style — 'Je regrette Médée, et j'adore Créuse' — finds that, in no less Cornelian style, he has a rival for the hand of the latter in the person of Egée, who is (of course) *un vieillard amoureux*. (In Euripides Aegeus was the dignified King of Athens who offered Medea refuge for no other reason than that he was the embodiment of Athenian humanity.) Médée for her part, while remaining the vengeful poisoner as in ancient tradition, is now a baroque magician empowered by her magic ring (performing *illusions tragiques* as it were) to help Egée escape from prison, halt messengers in their tracks and make others disappear. Defradas, following upon Duchemin, is surely right in claiming of Corneille and his contemporaries that 'une bonne part de ce qui faisait la profondeur des mythes grecs leur échappait'.[13] Certain parts of the ancient myths were so morally and aesthetically repugnant to the sensibility of the *grand siècle* that they were thus transformed almost beyond recognition or avoided altogether:

---

[12] J. Duchemin, 'Les survivances des mythes antiques dans le théâtre français', *Bulletin de l'Association Guillaume Budé* (Paris, 1964), p. 93.
[13] Defradas, *Bulletin de l'Association Guillaume Budé*, p. 103 (floor discussion on Mme Duchemin's paper, quoted above).

> L'incompréhension des classiques à l'égard des mythes grecs est telle que, quand on y représente Oreste poursuivi par les Erinnyes, c'est qu'il a assassiné un homme, poussé par une amante jalouse. Les modernes essaient de comprendre les mythes grecs non plus comme des motifs littéraires, mais dans leur profondeur, tout en les faisant servir à l'expression d'une pensée personnelle et nouvelle.[14]

Defradas's conclusion — 'la véritable connaissance des mythes grecs a été retrouvée de nos jours' — presents at its strongest the case put for the neo-Greek theatre movement by certain French students of it, largely academics, literary historians and classicists. The time has now come to look at the French theatre world of which this genre formed a significant part during Jean Anouilh's early career.

ANOUILH AND THE MODERN FRENCH THEATRE

Anouilh has described the enthusiasm with which he saw a performance of Giraudoux's first play *Siegfried* in 1928 when he was 18: 'Je sais encore *Siegfried* par cœur... C'est le soir de *Siegfried* que j'ai compris. Je devais entrer par la suite dans une longue nuit dont je ne suis pas encore sorti, dont je ne sortirai peut-être jamais, mais c'est à cause de ces soirs du printemps 1928 où je pleurais, seul spectateur, même aux mots drôles, que j'ai pu m'évader un peu.'[15] The resemblances between the two dramatists' themes and techniques, some of them more superficial than others, are an accepted fact of modern French theatre history. At exactly the same age Anouilh discovered Jean Cocteau. He read *Les Mariés de la Tour Eiffel* in a magazine: 'Dès les premières répliques quelque chose fondit en moi: un bloc de glace transparent et infranchissable qui me barrait la route. Tout se remit en ordre. J'achevai ma lecture triomphale... Jean Cocteau venait de me faire un cadeau

---
[14]ibid.
[15]'À Jean Giraudoux', in P. Vandromme, *Jean Anouilh, un auteur et ses personnages* (La Table Ronde, 1965), p. 169.

somptueux et frivole: il venait de me donner la poésie du théâtre.'[16] Cocteau's influence on Anouilh's dramatic style is less apparent than that of Giraudoux, but the reference to the 'poésie du théâtre' is significant nevertheless.

It so happens that immediately after making these personal discoveries, Anouilh embarked on a short literary apprenticeship in a distinctly naturalistic vein (*L'Hermine*, 1931; *Jézabel*, 1932, and *La Sauvage*, 1934). But the enduring significance of Giraudoux and (to a lesser extent) Cocteau is much more perceptible for an appreciation of Anouilh's work once he begins his run of mature and characteristic plays such as *Le Bal des voleurs* (1932) and *Le Voyageur sans bagage* (1936). The latter is about an amnesia victim who has the chance to choose his future on emerging from the hiatus with his past. In being centred on a crucial moment in a person's life and the influence of the past on the present (irrevocably, Anouilh seems to say), *Le Voyageur sans bagage* develops in a more sophisticated way a theme that he had treated naturalistically in his early plays, and also anticipates both *Eurydice* and *Médée*. The play derives clearly, yet without plagiarism, from *Siegfried*; in the latter, Giraudoux in turn can be seen to have borrowed thematically from the great French discovery of the 1920s, the plays of the Italian master of illusion, Luigi Pirandello.

What Anouilh was appreciating, and what, with varying degrees of directness, was influencing him in the work of Cocteau, Giraudoux and Pirandello, was a fundamental change in the aesthetic and moral climate of the French theatre. During the second half of the nineteenth century and the years leading up to the First World War, the French theatre was in its most characteristic form an industrialized activity which conformed to a predominantly realist aesthetic. The plays of writers such as Bernstein, Brieux, Hervieu, Donnay and the numerous similar successful figures of the *belle époque* were prosaic, formula-bound works designed to make money for the management by means of a not too taxing entertainment for a middle-class Parisian public. This is not to say that these plays were not ingeniously plotted along the

---

[16]'Hommage à Jean Cocteau', in Vandromme, *Jean Anouilh*, p. 193.

lines of the 'well-made play' popularized by Scribe in the first half of the century, nor that they were incapable of attacking serious social problems: Eugène Brieux was notably courageous in the latter respect. But by and large they were strikingly unimaginative in their theatrical conception, in their creators' whole approach to the available elements of drama: music, décor, mime, lighting and sound effects, poetry (and in fact dialogue in any form other than mimetic 'real' speech) and above all the Shakespearian fluidity of time and space that one or two of their ancestors had attempted to import briefly during the Romantic period. In these years, for example, theatre design — insofar as any such clearly delineated profession can be said to have existed — meant pandering to the narcissism of the paying customers, dressing the star actresses to the best advantage and making sure the furniture didn't fall over. The latter is not a skill to be sneered at, it is true, yet it is one beyond which most professional French theatre people did not progress at a time when the theatrical tradition of other countries was being transformed by the designs and theories of Adolph Appia (*Die Musik und die Inszenierung*, 1899) and Edward Gordon Craig (*On the Art of the Theatre*, 1911).

The artistic and literary objections to the whole mainstream of French theatre at this time — a provincial backwater of which is so affectionately satirized by Anouilh in *Eurydice* — were formulated with increasing virulence by a small number of intellectuals in the early years of the century. André Gide cast his net wide in 1904:

> Dans le succès d'une pièce, ou même d'un genre de pièces, bien des considérations peuvent entrer en jeu qui n'ont rien à voir avec la littérature. Je ne parle pas seulement de ces multiples éléments auxquels l'œuvre d'art dramatique, pour être exécutée et avec succès, fait appel: richesse des décors, éclat des costumes, beauté des femmes, talent et célébrité des acteurs; je parle surtout des préoccupations sociales, patriotiques, pornographiques, ou pseudo-artistiques de l'auteur. Les pièces à succès d'aujourd'hui sont souvent tissues de ces préoccupations-là; à ce point qu'en les faisant choir une à

une, on supprime à peu près la pièce. Mais la plupart du temps, c'est à ces préoccupations précisément que la pièce doit sa vogue; l'auteur qui n'y obéit pas, que la seule préoccupation d'art fait écrire, risque fort de n'être même pas représenté.[17]

In 1913 Jacques Copeau's denunciation was even more trenchant in his famous article 'Un Essai de rénovation dramatique' in the *Nouvelle Revue Française*. Copeau was a dedicated theorist and director who is credited with having started the long haul to a French theatre of the highest artistic standards in opening his Théâtre du Vieux Colombier in the Latin Quarter in the same year.

Jean Anouilh was born at exactly the right time, 1910. By the late 1920s, having moved as a schoolboy to Paris from his birthplace, Bordeaux, he was to come into contact with a professional French theatre that had been totally revitalized thanks to the efforts of Copeau and the generation of directors who followed in his wake — Pitoëff, Dullin, Baty and Jouvet. As an ambitious young man determined to make his living solely from writing for the theatre, Anouilh was soon welcomed by a profession and a theatre-going public that left little to be desired. Once he had rapidly learnt to put a play together and make dialogue work by means of the naturalistic apprenticeship already referred to, Anouilh soon perfected a more sophisticated style from the middle 1930s onwards, manipulating plot structures and time sequences, contrasting and confusing illusion and 'reality', and above all tackling imaginative historic, mythic and non-naturalistic themes. This was the kind of dramatic material (Musset, Shakespeare, Pirandello and a growing number of French dramatists immediately preceding Anouilh: Lenormand, Romains, Salacrou, Cocteau, Giraudoux and Achard) for which Copeau and the 'Cartel des Quatre' had created a responsive public by their productions of the ancients. Although the reputation of some of the latter has faded, one is nevertheless justified in regarding the ten-year period 1925–35, during which Anouilh arrived, as the first wave of a renaissance of the French theatre after almost a century of mediocrity. In 1913 Copeau had expressed

---

[17] Lecture delivered in Brussels in 1904 on 'L'Évolution du théâtre'.

the hope of re-creating for the French theatre 'son lustre et sa grandeur', and 50 years later it could clearly be said that he and his fellow pioneers had succeeded. By 1963 in fact, Jean Anouilh had completed the first major phase of his dramatic output, a total of nearly 30 plays, including *Eurydice* and *Médée*. I believe it is possible to argue that Anouilh's body of plays makes a very distinctive contribution to the renaissant theatre of his age, and that *Eurydice* and *Médée*, each in different ways, occupy a significant place in the evolution of his theatre, both philosophically and technically.

THE WORLD OF JEAN ANOUILH

It is relevant to our examination of *Eurydice* and *Médée* to bear in mind that Anouilh has written a number of plays on mythic or historical themes: *L'Alouette* (Joan of Arc), *Ornifle ou le courant d'air* (Don Juan), *Pauvre Bitos ou le dîner de têtes* (Robespierre and other Revolutionary leaders), *Becket ou l'honneur de Dieu* (Thomas à Becket and Henry II), *La Foire d'empoigne* (Napoleon and Louis XVIII). In some of his programme notes (virtually the only source of personal statements by the author about his work) he has been particularly revealing about some of these plays. He is remarkable for his frankness — and his flippancy — in denying any concern for the truth of history:

1 *La Foire d'empoigne* est une farce où, bien entendu, toute ressemblance avec Napoléon ou Louis XVIII ne saurait être que fortuite et due au hasard.

2 ... cette petite fille fatiguée, mal nourrie, hâve, maigre (je sais, c'était une forte fille, mais je m'en fiche) et étrangement butée... Il n'y a pas d'explications à Jeanne.

3 Que les Anglais — en plus de quelques plaisanteries de chansonnier dont je ne me guérirai jamais — me pardonnent cela. Je n'ai pas été chercher dans les livres qui était vraiment Henri II — ni même Becket. J'ai fait le roi dont j'avais besoin et le Becket ambigu dont j'avais besoin.

'... le roi *dont j'avais besoin...*' is a revealing phrase. Whether he is using the cloudiest of myths such as that of Orpheus and Eurydice or relatively verifiable modern history (Robespierre, Napoleon I) Anouilh is looking for pretexts, for basic scenarios to assimilate to his own private universe. These scenarios are often structured on diametrically opposed human types or legendary conflicts, which may be distorted or even manufactured if necessary by Anouilh for his purpose, as is the case in *Becket, Bitos* and *La Foire d'empoigne*. Others, such as the Antigone–Creon and Don Juan–Sganarelle antitheses, are time-honoured in theatre history. The myths of Orpheus and Eurydice, Jason and Medea offer much to the binary type of imagination and have served Anouilh in precisely this way.

What is the private universe to which Anouilh assimilates all myth, all history? A profoundly despairing world is presented in the majority of Anouilh's plays, roughly half of which in the period surrounding the writing and performance of *Eurydice* and *Médée*, are grouped in volumes significantly entitled *Pièces noires, Nouvelles pièces noires* and *Pièces grinçantes*. The heroes and heroines of his plays struggle to preserve their integrity — which *may* mean purity in an orthodox moral sense, but often too means *entireness* as an unhampered personality — in a world which is mean, ugly and corrupt. In most cases they are young, in early adulthood, coming into a painful confrontation with the values of their parents, the 'realists' who survive, usually ignobly, by means of compromise and the abandonment of any idealism which they may once have possessed. Love, like human beauty, is transient: it is neither eternal nor unique. It is defeated, as the General says in *Ardèle*, by life. The only attainable absolute is death. Play after play is structured to highlight the moment of confrontation, the point at which the protagonist chooses to cry 'No!', to reject the offer of integration into the world of mitigated contentment inhabited by the vast majority of human beings.

Even in the *Pièces roses*, the ostensibly more light-hearted plays such as *Le rendez-vous de Senlis* and *Léocadia*, Anouilh tends to pattern his characterization on the same Romantic antitheses. Where Anouilh parts company with the Romantics, however, is in denying his characters all hope of a spiritual or ideological refuge. The rebel son or daughter rejecting the parents' world of bourgeois hypocrisy is seldom tempted by the possibility that might have been entertained in Romantic drama, namely that salvation lies in poverty. Poverty in Anouilh corrupts and alienates every bit as much as wealth; it humiliates and brutalizes its victims and scars them for life. Equally irremediable are other misfortunes, a joyless childhood, physical ugliness and a traumatic initiation to sexuality. Nor are these youthful rebels at all interested in organizing a society in which the young will not be scarred by poverty, or women (or for that matter men) sexually humiliated. They experience the idealism of the socialist even less than the humility of the Trappist. Not for nothing is one of the more recent studies of Anouilh subtitled 'L'anarchisme réactionnaire'.[18] Social action, as much as religious solace, appears to be irrelevant in Anouilh's universe: his characters exist in a unique moral and social vacuum. It is a solipsistic ethic, the essence of which is revealed, interestingly, in what Anouilh claimed to discern in the French Classicist who influenced him most:

> Molière, dans un moule de comédie raisonnable, a écrit le théâtre le plus noir de tous les temps... Il a épinglé l'animal-homme comme un insecte, et avec une pince délicate, il fait jouer ses réflexes. Et l'insecte-homme n'en a qu'un, toujours le même, qui fait tressaillir sa maigre patte, au moindre attouchement: celui de l'égoïsme.[19]

What we see in his work up to *Médée* (a phase that includes some 20 plays) is a bleak panorama, devoid of relief. Anyone who, like Orphée, experiences '[la] soif d'éternité', is doomed to know only suffering and death. If there is any escape, it is purely theatrical, a piece of gratuitous legerdemain, which, because of its very artificiality (as in *Le Voyageur sans bagage*), makes the negative point all the more forcibly — until *Médée*, that is. The interest of the juxtaposition of the two

---

[18] A. F. Rombout, *La Pureté dans le théâtre de Jean Anouilh: Amour et bonheur, ou l'anarchisme réactionnaire* (Amsterdam, 1975).
[19] Vandromme, *Jean Anouilh*, p. 141.

neo-Greek works in this edition is that, whereas *Eurydice* is the quintessence of Anouilh's early philosophy, and as such one of the blackest of his plays, *Médée* in its ending bids farewell to suicidal despair and announces a slight but perceptible shift of vision that will stay with Anouilh for the remainder of his work.

INTRODUCTION TO EURYDICE

> Le malheureux Orphée tendant ses bras, s'efforçant de la toucher, ou d'être touché par elle, ne sentit plus qu'un air léger qui cédait sous ses efforts. Eurydice, mourant une seconde fois, ne se plaignit point de lui. De quoi se serait-elle plainte? D'être trop aimée?
> Ovide, *Les Métamorphoses*

In the programme for the first production of *Eurydice*, which began on 17 December 1941 at the Théâtre de l'Atelier, Anouilh began his synopsis of the play with the quotation above. It is in fact essentially through the Latin versions of Ovid and Virgil that the modern world has acquired its familiarity with the myth. All that survives of it in its Greek phase is a number of fragments and insubstantial episodes in post-Homeric literature from Pindar onwards (fifth century BC), together with much visual allusion in plastic art and decoration. In its Greek forms the myth was primarily that of Orpheus. The descent into hell to retrieve Eurydice was just one of many of the hero's supernatural feats. Pindar for example added him to the crew of the Argo because of his obvious value to Jason and the Argonauts in countering the dangers of clashing rocks, sirens, etc. It was only with the Romans that the myth became substantially that of Orpheus *and* Eurydice and sentimentalized in the manner typical of Ovid and Virgil. The following synthesized account of the myth thus owes much to them.

Orpheus was the son of the muse of epic poetry Calliope and either King Oiagros of Thrace or Apollo, who was his patron and taught him the art of lyre playing. By virtue of his music Orpheus was famed throughout the ancient world for his ability to enchant and subdue the natural elements, wild beasts and the most insensitive of humans. He married a dryad, Eurydice (in early forms she was either unnamed or called Argiope or Agriope), who died of a snake bite while fleeing from the advances of a shepherd, Aristaeus. Orpheus descended into the underworld to rescue her and so captivated its inhabitants, Pluto, Persephone, Charon, Cerberus and the three judges of the dead, that they granted him the right to lead Eurydice back to the world of the living provided that he did not look back at her until they had left Hades. Orpheus did not keep this condition and Eurydice vanished for ever. An enraged band of maenads, or Thracian women, tore the inconsolable Orpheus to pieces. His head floated, still singing, down the river Hebros into the sea and on to Lesbos, where it was buried and venerated as an oracular cult.

Thus summarized, the myth is clearly very appealing in the first instance to the visual imagination. This accounts for the numerous exploitations of it in Greek and Roman frescoes, mosaics and pottery, which depict Orpheus and his lyre surrounded by animals and soulful Thracian warriors, or with Eurydice in the land of the dead, or finally being dismembered by women. The emphasis began to change from the Renaissance onwards. His skill as a musician, a singer and performer, meant that Orpheus appealed increasingly as an appropriate subject for treatment once opera and other elaborate forms of vocal music began to develop. He was the inspiration for major works — operas, oratorios or cantatas — by Rossi, Monteverdi, Rameau, Haydn and Gluck. Orpheus has in fact continued to be an obvious subject for artistic expression in one musical form or another right up to the twentieth century (Darius Milhaud's *Les Malheurs d'Orphée*), and not forgetting Offenbach's burlesque *en route*. Increasingly since the Romantic period, however, attention has focused on Orpheus as a poet, even as the patron saint of poetry or symbol of the creative artistic spirit in general. He appealed in this way to Shelley, Novalis, Nerval, Mallarmé and Rilke. In modern French literature the myth has been invested with new significance a number of times, notably by Ségalen, Jouve and Pierre Emmanuel; the latter's *Le Tombeau d'Orphée* appeared in the same year as Anouilh's *Eurydice*. The whole of this development in the history of the myth has been traced by Eva Kushner,[20] who dwells at length on the only two French plays of any substance — Cocteau's *Orphée* and Anouilh's *Eurydice*. She argues that the heroine has moved a long way from being a marginal episode in the earliest Greek forms of the myth, and has acquired a symbolic role of some philosophical or psychological significance. The following quotation applies particularly to Cocteau's interpretation of the myth; but, although Anouilh's play is a very different work artistically, the last few lines of it form a link with *Eurydice*:

> ... le plus souvent, c'est Eurydice en tant que personnage féminin cherchant à arracher le poète à sa vocation. Le couple Orphée–Eurydice représente alors la dualité qui, en l'homme, oppose l'esprit à l'instinct. Eurydice veut attirer Orphée vers l'Enfer, qui est le domaine instinctif. Le mythe d'Orphée n'affirme plus alors la grandeur de l'homme. Avec Dada et le surréalisme, la sincérité gidienne, la franchise de Colette, une analyse impitoyable du coeur humain et de ses mobiles est devenue de mise, et, la psychanalyse aidant, on commence à découvrir le côté obscur des mythes: la quête d'Eurydice devient une descente dans l'Enfer du coeur.[21]

There is no extant classical play based on this myth. Not only is *Eurydice* much longer than *Antigone* or *Médée* but, whereas they stay close to the plot of their ancient prototypes, it has been put together by an elaborate process of modernization and expansion of the episodes to be found in Ovid and Virgil. For there are in fact a number of features of the myth that appealed to Anouilh because of their potential for ironic or symbolic exploitation. Orpheus and Eurydice, as romanticized by the Latin poets, are mythic lovers, almost the first in European cultural history. Their love can be perpetuated only in death, and by definition is associated with death. The point is reinforced in ancient versions of the myth because so much of the story takes place in that realm (unlike other versions of this theme such as Dido and Aeneas, Tristan and Yseult,

---

[20]E. Kushner, *Le Mythe d'Orphée dans la littérature française contemporaine* (Nizet, 1961).
[21]ibid., p. 23.

Romeo and Juliet, etc). This direct association was of particularly ironic value to the only other modern writer to make a major play (and film) out of the Orpheus and Eurydice myth — Jean Cocteau — for whom sentimental heterosexual love was a kind of living death. Perhaps the greatest, and subtlest, potential for Anouilh's imagination is provided by the indispensible element, the look back. Before proceeding to examine this crucial part of *Eurydice*, we should note one more suggestive feature of the myth for Anouilh. Although he is not known to be unduly fascinated by the arts philosophically and the creative processes as such — he stressed that he made plays as craftsmen make chairs — Orpheus had an immediate off-the-peg appeal to him because he was a musician, a performer, and thus part of one of his favourite milieux.

Unlike all of the other major neo-Greek plays by Anouilh and his contemporaries, *Eurydice* is unique in being set in the modern world. The others are set, at least nominally, in Argos, Thebes, Troy, Corinth, etc., and contain a variety of anachronisms. Cocteau's *Orphée*, for example, is set 'En Thrace, chez Orphée... un salon dans la villa d'Orphée... les costumes de l'époque où la tragédie est représentée...'. *Eurydice*, on the other hand, is set in a slightly stylized but nevertheless very identifiable provincial France where the train now leaving platform 7 is for Toulouse, Béziers and Carcassonne. It is not the modernity that is anachronistic in Anouilh's play but rather the contrary, the fact that alone, and unremarked, the hero and heroine amid a cast of totally modern French characters have ancient Greek names.

Many of Anouilh's plays are set in the period of his childhood or youth (significantly), either just before the First World War or during the 1920s. *Eurydice* belongs to the later part of this time span. The milieu is one that crops up a number of times in his work, the world of down-and-out musicians and actors eking out a perilous existence in seedy resorts. The fate of such characters is sordid, but evoked with macabre fascination and not a little humour and sympathy by Anouilh in a number of plays; it was a world he knew, for his mother had been a musician of sorts in Arcachon near Bordeaux. Although talented himself, Orphée seems fated to accompany his father, a failed musician, in a humiliating battle to survive in the only way his father knows. Thus, like Offenbach's satirized hero, Anouilh's is a violinist with family problems.

The father is in fact one of the most recurrent characters in the Anouilh repertory, vulgar, sensual, contemplating the downhill run into oblivion in the knowledge that life's petty pleasures are all that he can aspire to. He is humorous, in some respects even likeable, and well disposed towards his son, characteristically called 'fiston', but in the last resort isolated in his individualism. With a parallelism that is very classical — Plautus, *commedia dell'arte*, Molière, Goldoni — Anouilh immediately introduces the female counterpart, Eurydice's mother, whose comic pretentiousness is established by the name dropping ('Sarah', note, not 'Sarah Bernhardt') and her exotic *pippermint*. Her past is thus ostensibly more prestigious than the father's, but she is now performing in melodramas on a mediocre provincial tour. Although we later learn the mother's Christian name, Lucienne, she is essentially a representative figure, La Mère, just as the nameless Orphée senior is Le Père. These two indispensible inhabitants of Anouilh's modern bourgeois *commedia* would appear to be nicely symmetrical in dramatic terms. Yet a distinction between them should be made. Mothers are almost invariably painted in darker colours than fathers in Anouilh and this play is no exception. Eurydice is systematically repressed by her mother, who has no qualms about seeing her sexually exploited; there is no equivalent dubious conduct on the part of the father. André Rombout's perceptive comment on this aspect of Anouilh's characterization might have been meant for this play:

> Cependant garçons et filles arrivent assez bien à s'entendre avec leur père at à lui pardonner ses fautes. Les véritables impurs, les vrais coupables dans cet univers de la pureté et de l'innocence ce sont les mères. Elles se présentent à nous sous deux aspects: comme femmes — qu'elles soient épouse ou maîtresse — et comme mères. Donnant toujours la priorité à leur rôle de femme, elles sacrifient celui de mère.[22]

[22]Rombout, *La Pureté*, p. 39. This subjective differentiation between the mother and father is known, *sub rosa*, to originate in Anouilh's childhood experience. The author's discretion on this and all other personal matters is legendary.

The mother and father are more than just comic padding to fill out the plot. They play a thematic rôle as a constant backdrop to the youthful quest for purity in the foreground. As living symbols of moral decrepitude and inadequacy, they appear to authenticate M. Henri's vision of the 'mature' human condition. Interestingly, *On ne badine pas avec l'amour*, Alfred de Musset's Romantic drama unconsciously quoted by Vincent to such great comic effect in Act 1, has an identical structure and pattern of characterization: a grotesque older generation flitting in and out of the plot in the background, as if to mock the essential innocence and idealism of the pair of tormented, self-doubting young lovers in the foreground. Neither Orphée nor Eurydice in fact cuts a heroic figure. Far from being a famed charmer of beasts and elements — or the idolized national poet of Thrace in Cocteau's play — Orphée is now just a talented violinist. Eurydice is physically rather ordinary, 'maigre' like so many Anouilh heroines, and no more than a run-of-the-mill actress. But the essence of the typical heroes of this period can be detected in them. Orphée is dreamy, morbid and fatalistic. Eurydice is presented in the very first seconds as the defender of the underdog ('Oh! toi, tu soutiens toujours les imbéciles', says her mother). This sisterly quality of Eurydice is an important and peculiar feature of love in Anouilh's work, and makes her immediately attractive to Orphée. He in fact refers to her as his 'petite soeur' and to the two of them as 'des petits frères'. The term is common as a description of lovers in Anouilh; Jason will also apply it, somewhat implausibly, to himself and Médée. Appropriately love in Anouilh generally has been described by Hubert Gignoux as 'une sorte de camaraderie garçonnière, de scoutisme mixte'.[23] Yet, unlike in Musset's play, love is here consummated; it is passionate but spiritually anguishing. Physical union is not enough for Orphée. He is one of the most uncompromising of all Anouilh's Romantic absolutists: the love he wishes to share with Eurydice must be unique, eternal and initially virginal. The kind of relationship cynically described by M. Henri, passion cooling to middle-aged companionship and mutually tolerated infidelity ('tu aurais été

[23]H. Gignoux, *Jean Anouilh* (Éditions du Temps Présent, 1946), p. 71.

le Monsieur qui trompe Eurydice'), which is exactly the same 'modern' interpolation that Anouilh will inject into the love of Jason and Medea, is totally unacceptable to Orphée.

Anouilh's characters are often granted a second chance, the possibility of avoiding death if they will say yes to life in all its imperfection. The myth of Orpheus and Eurydice, in offering up for symbolic interpretation the hero's attempt to retrieve the heroine from death — one of the most poignant examples of the second chance in European mythology — is the myth-pretext *par excellence* for Anouilh. What is particularly fertile is the most inseparable part of it, the condition that he must not look back at Eurydice. So the Anouilh signature, the moment when the main character cries 'Non!' to life and opts for death, occurs when Orphée takes the conscious decision to lose Eurydice for ever in this world by looking back at her face to read the truth, by thus looking back on the past. Anouilh has once again deployed the essentialist theme that he exploited more systematically than any of his contemporaries, namely the fatal determinism exercised by the past upon our lives, but this time with a poetic ambivalence inherent in his source material:

> Vivre, vivre! . . . Ah! non. Je t'aime trop pour vivre! *Il s'est retourné, il la regarde, ils sont l'un en face de l'autre maintenant, séparés par un épouvantable silence. Il demande enfin sourdement* . . .

Eurydice is thus very aptly placed among the *Pièces noires*. Anouilh denigrates life not just by means of the insidious rhetoric of M. Henri but through a number of other characters as well, such as the hotel waiter in Marseille ('Ça grouille. Ah! c'est pas beau l'amour!'), supported by the series of skilfully orchestrated entrances of Orphée's father, Eurydice's mother and her lover Vincent. If that is not enough, there is the impresario Alfredo Dulac on the mentality of 'toutes ces petites bonnes femmes-là'. He is a villain straight out of nineteenth century melodrama. The blackmail he uses to oblige Eurydice to go to bed with him — threatening to sack the wretched 'régisseur' — is as odious as anything that could have been dreamed up by Scribe or Sardou (or Ibsen!). Yet an important difference is that such an otherwise stock character is given an extra dimension, a distinctive streak of cynical psychology that would not be found in nineteenth century theatre (the novel is a different matter) in claiming that the blackmail was simply a 'comédie' tacitly accepted by both parties, a piece of seducer's etiquette to allow Eurydice to retain a veil of hypocritical respectability in her own eyes. Few dramatists have grown up to be more familiar with this provincial theatre world of strutting *artistes* and unsavoury mediocrities aping the immortal 'monstres sacrés' such as Sarah Bernhardt. This parade of the gaga and the grotesque can be highly comic material, here as in other plays. Yet at the same time the juxtaposition of leering cynics and incorrigible fornicators on the one hand, and intransigent, suicidal adolescents on the other, suggests that as a boy Anouilh must have seen something very nasty in the property cupboard.[24]

Anouilh's characters in *Eurydice* are conscious of life as *commedia*, and frequently refer to the scenes and rôles they are playing. It is a theatrical self-consciousness that extends beyond Dulac's troupe to absorb the other characters as well. 'Tu m'as très bien compris! Ne te le fais pas répéter pour amorcer une scène de faux pathétique!', Orphée warns his father. Orphée and Eurydice classify the people they have met in dramatic terms — 'celui-là . . . c'est notre premier personnage ignoble'. In particular the life/stage metaphor is part of the rhetorical armoury of M. Henri in convincing Orphée that life is intolerable: 'cette pitrerie, ce mélo absurde, c'est la vie. Cette lourdeur, ces effets de théâtre, c'est bien elle.'

Not only does Anouilh use the theatre as a gallery of human types and situations to represent the human condition, but in his construction of *Eurydice* he borrows from the *genres* in which such a company performs: melodramas, vaudevilles, boulevard farces. This is the dramatic world of Scribe, Sardou, Labiche, Sacha Guitry and countless dramatists of the nineteenth and early twentieth centuries whose work was commercially viable in its time, but is now forgotten: the perfect representative titles are precisely those which contribute to the

---

[24]cf. the brief 'fragments' of *Oreste* (1945) in R. de Luppé, *Anouilh*, particularly p. 100. Oreste is still traumatized 27 years later in Anouilh's career: the same incident is central in *Tu étais si gentil quand tu étais petit* (1972).

comic characterization of Eurydice's mother, *La Vierge folle* and *Les Deux Orphelines*. It is rather less plausible that such a company would ever have performed Musset's *On ne badine pas avec l'amour*, a bittersweet Romantic drama requiring considerable delicacy of touch, and hilariously impossible for them ever to have contemplated tackling *Les Burgraves*, Victor Hugo's epic drama set in the Dark Ages. Comic licence is used by Anouilh in both cases — *Eurydice* is not documentary realism.

The aesthetics that Anouilh both perfected and parodied is that of the formulaic commercial play (anything but *Les Burgraves*!) of the one hundred year period that preceded him. He has often described himself as nothing more than a craftsman '[qui] fait des actes comme d'autres font des chaises',[25] and many of the *ficelles* of the well-made play are to be found in *Eurydice*. In such plays, well constructed acts end with curtain lines which, however improbable they would be in a real social or psychological context (e.g. 'Comment t'appelles-tu? — Orphée. Et toi?...'), effect a widening of the philosophical perspective as the house lights come up. *Coups de théâtre* are carefully timed, such as the door opening in Act 2 to reveal the mysterious stranger who has been hovering in the background in Act 1. The imperilled *ingénue*, the girl with a potential procuress for a mother, is saved by the *jeune premier* who proclaims, as does Orphée literally within two minutes of meeting her, 'je ne vous quitterai jamais', (upon which the disappointed suitor promptly throws himself under the Toulouse express). Above all, things become clear at the end: letters are read out and coach drivers explain how it really happened that the heroine died, and why. All of these stock conventions of European theatre are employed by Anouilh in *Eurydice*, as well as more recent techniques popularized by Pirandello, such as the explanatory flashback and fade in/fade out merging of past and present. Anouilh's use of these techniques is as restrained and controlled as his exploitation of a much more specifically French genre of the thirties and forties, the Greek mythic context. Some of the features of the source material are not drawn upon at all, for example the

---

[25] Interview in *Opéra*, 14 February 1951.

magic powers of Orpheus. His musicianship is of interest to Anouilh only because it was a familiar professional milieu and overlapped with an equally favourite one, the theatre. If Dulac is clearly Aristaeus, whose attentions forced Eurydice to flee, M. Henri is slightly less obviously Hermes, one of whose many functions was to conduct the souls of the dead to Hades. The actual descent to Hades in the play is nothing more than a return to the same station where the lovers first met in Act 1. The author has completely avoided the facetiousness and ironies of Cocteau in *Orphée*, that is to say, ironies of style, verbal allusion and anachronism.

At a more profound level *Eurydice* is bitterly ironic in its treatment of the theme of eternal love. 'Tu aurais été le Monsieur qui trompe Eurydice' — what would have been a quip in Offenbach, Cocteau or Giraudoux is now one of a number of climactic formulations that drive Orphée to seek a totally different death from the one he knew in ancient literature. The ending of the play is of the greatest importance here. For in the last resort *Eurydice* is both more and less than a well made play. If it were nothing more than the latter, it would have ended after Act 3; in the early performances in Paris audiences did indeed think the play was over at that point and got up to leave. The act that follows is the one in which M. Henri's remorseless irony is deployed to drive Orphée to suicide rather than risk an existence flawed by the slightest imperfection in any woman with whom he might hope to spend the rest of his life. He prefers the image of an ideal woman to the reality of a very average flesh and blood human being whose faults can never be expiated by her undoubted qualities. *Eurydice* is thus one of the most powerful treatments anywhere in Anouilh of the quest of the absolute, and characteristic of him in its ambiguity in being both Romantic and anti-Romantic at the same time. In this disturbing picture of a relationship between man and woman, the myth has thus been appropriated as a vehicle for one of Anouilh's most sombre obsessions. The thematic continuity with *Médée* is striking.

INTRODUCTION TO MÉDÉE

Whereas the myth of Orpheus and Eurydice, because of its obvious picturesque elements, has appealed to artists in every conceivable medium, that of Jason and Medea has found its most powerful expression in drama. This is because it is based on conflict, an intense and irreconcilable personal conflict of the sort that is at the heart of great tragic drama from Euripides onwards. Medea's fury could not be more justified, nor her plight more pitiful. She has sacrificed everything, to the extent of killing her own brother, in helping Jason and the Argonauts steal the golden fleece from her father, King Aeëtes of Colchis. At the point when most plays begin, she is being repudiated by her husband Jason when he is about to make an advantageous marriage to the daughter of Creon, King of Corinth. She murders her rival and Creon, and then, to spite Jason, their own two infant sons as well.

The revenge of Medea has been one of the most fertile of Greek myths in European literature. By 1897 Léon Mallinger had recorded over two hundred versions in one literary form or another.[26] By 1982 Duarte Mimoso-Ruiz in his thesis *Médée antique et moderne*[27] had drawn up an even more voluminous check-list, extending well beyond Mallinger both the scope of the survey (e.g., Pasolini's film *Medea* of 1970) and the analytical approach, as shown by his subtitle, *Aspects rituels et socio-politiques d'un mythe*. Despite the simplicity of the basic plot, the myth has permitted a number of variant interpretations down through the centuries. Ever since Euripides modified Corinthian legend (allegedly for a bribe) by making her, rather than the local citizens, responsible for murdering her own children, Medea has been handled by dramatists in different ways, some more subtle than others. A number of them in the twentieth century have taken the racial and social motif as their major theme — Medea was a despised barbarian from the east — and set the play in parts of the world where such tension could have tragic consequences. Henri Lenormand, in his *Asie* of 1931, completely modernizes the social context and names of his characters. His Jason is de

[26] L. Mallinger, *Médée: Étude de littérature comparée* (Louvain, 1897).
[27] Éditions Ophrys, 1982.

Mezzana, a successful and ambitious French colonialist returning to France with his wife, an Indo-Chinese princess, and their two children. The plot works out *mutatis mutandis* very much as in the ancient versions of Euripides and Seneca, except that the children have a considerably enlarged role, and their mother's jealousy intensifies as she sees them become the victims of racial and cultural conflict in France. Maxwell Anderson's *The Wingless Victory*, set in New England in 1900, also has an Asian Medea. One of the most radically divergent of these twentieth century modernizations is in fact one of the earliest, Hans Henny Jahnn's *Medea* of 1925. This is an expressionist drama in which the author seeks to shock his contemporary German public by his portrait of an African Medea who is ugly and devouringly sensual. By comparison with these and similar modern dramatists (cf. Mimoso-Ruiz), Anouilh is relatively restrained. He has far less recourse to anachronisms than his contemporaries, and is not at all interested in Medea as a racial alien.

The most famous and objectively the finest, dramatic version of the myth is also the first, Euripides' *Medea* of 431 BC. Much of the appeal of the work resides in the profundity and sensitivity of Euripides' portrayal of the heroine. As in a number of his other tragedies, he demonstrates a very real sympathy for a female character in the grip of a cruel fate or man-made injustice. Medea is ostensibly still the sorceress of the Argonauts and niece of Circe, a potentially treacherous barbarian. This is made clear by Jason and Creon, whom we may recognize as thinly veiled portraits of Athenian xenophobia, of which Euripides is thought to have disapproved. Yet she is shown by him at the same time to be a woman of great feeling and intelligence. In a dignified manner she succeeds in claiming the sympathy of the chorus of Corinthian women and King Aegeus of Athens when she puts a completely justified case for herself as a victim of Jason's baseness. What has not always been noticed is that she also expresses sentiments of a surprising modernity when she bemoans women's fate in marriage: '... Will the man we get be bad or good? For women, divorce is not respectable; to repel the man not possible ...'. 'If a man grows tired of the company at home, he can go out, and find a cure for tediousness. We wives are forced to look to one man only. And they tell us, we at home live free from danger, they go out to battle: fools! I'd rather stand three times in the front line than bear one child.'[28] Even more interesting from the point of view of the student of Anouilh is that when Jason tells Medea that his desire to marry Creon's daughter stems only from the need to secure the future of them all, Medea and children included, she counters fiercely: 'I loathe your prosperous future; I'll have none of it, / Nor none of your security — it galls my heart.' Her reaction is strangely reminiscent of the characteristic 'Non au bonheur!' of many an Anouilh heroine. The point is all the more clearly made using the French version that would have been available to Anouilh, since Louis Méridier (*Belles Lettres*, 1925) chose to translate the key Greek word ευδαιμων by the very notion that is anathema to Anouilh's heroines of this period: 'Loin de moi un *bonheur* qui ferait mon deuil, et une prospérité qui me déchirerait le coeur.' Jason for his part is much less the heroic Greek leader of the Argonauts than one of Euripides' Athenian contemporaries, a calculating sophist manipulating his political advancement. He is a misogynist to boot, with a jaundiced private view of biology 'If only children could be got some other way, / Without the female sex! If women didn't exist, / Human life would be rid of all its miseries.' The fact is that Euripides was an ironist and a modernizer by the standards of his time who was willing to risk alienating his public and doing so often, by giving a contemporary ring to the raw material and human situations he inherited from Homer, Hesiod and Pindar.

One might perhaps have expected Anouilh to consider Euripides' play fruitful material out of which to construct his *Médée*. So it comes as a surprise to discover that he used Seneca's *Medea* as his primary source. The intellectual and moral climate of the age in which Seneca was writing was as different as could be in the ancient world from that of Euripides. Seneca was a member of the ruling class during one of the most sensationally corrupt periods in Roman history, that of the Julio-Claudian emperors, particularly Tiberius, Caligula, Claudius and Nero. His Stoic philosophy was

---

[28]Tr. P. Vellacott (Penguin, 1963), pp. 24–5.

elaborated as a buffer to the insecurities and terrors which characterized the times he lived in and to which no Roman was immune; it was to stand him in good stead when he was eventually required to take his own life. His recommendations of virtue and fortitude echo throughout his copious moral writings and his tragedies. His *Medea* is an excellent example of his sententious style:

> MEDEA: ... Who profits by a sin has done the sin. Though all should hold thy wife infamous, do thou alone protect her, do thou alone call her innocent; let her be guiltless in thy sight, who for thy sake is guilty.
> JASON: Unwelcome is life which one is ashamed to have accepted. MEDEA: Then one should not keep a life which he is ashamed to have accepted.[29]

Elsewhere Medea, who dominates this play far more than she does Euripides', is portrayed as a chilling embodiment of unbridled passion, criminally indulged. All of Seneca's skill in bombast, learned from his father Seneca the rhetorician, is lavishly deployed in the scenes where the sorceress conjures up the spirit of Hecate and concocts her evil brew with which to poison Creusa's bridal gown. What, we may ask at first sight, could be further from the world of Jean Anouilh than this Medea? When she is not exhorting, as though Seneca to Nero, 'Fortuna fortes metuit, ignavos premit' (l. 159) or 'Qui nil potest sperare, desperet nihil' (l. 163) (in the resonant stichomythia which was to appeal to Renaissance dramatists), she is being described by the Chorus as a 'blood-stained maenad borne headlong by mad passion... Hither and thither she wanders, as a tigress, robbed of her cubs, ranges in mad course through the jungles of Ganges', etc. (ll. 849–65).

The two poles of lurid sensationalism and prim sententiousness are of course precisely what Anouilh has been least influenced by in Seneca. First, he has used the Roman Stoic to shape his play, keeping close to the simpler and shorter plot of Seneca, notably in omitting completely the alliance with the benevolent King Aegeus of Athens. Also, as in Seneca but not Euripides, the two sons are to stay with Jason. And the

[29]Seneca's *Tragedies*, vol. 8 (Heinemann Loeb., 1917).

hapless rival in *Médée* (just as in Corneille's version in fact) is given the name Créuse, after Seneca's Creusa, rather than the Greek Glaukè.[30] J. C. Lapp[31] has detected a number of literal echoes of Seneca in Anouilh's dialogue. Some of them are of little account; others are borrowings not so much of dialogue as of crucial moments or perceptions conveyed in just one word, like the fortuitous coincidence of *eudaimon* and 'bonheur' in the Euripides. Thus Anouilh retains the moment of Seneca's famous 'Medea superest'. It would have been difficult to improve on the phrasing of Corneille's 'Moi, moi, dis-je, et c'est assez', but Anouilh's heroine's 'Moi!' is no less forceful in its simplicity. A rather more substantial borrowing is the following direct translation from Seneca (word for word via Herrmann): 'Désormais j'ai recouvré mon sceptre, mon frère, mon père et la toison du bélier d'or est rendue à la Colchide: j'ai retrouvé ma patrie et la virginité que tu m'avais ravies!' These are almost the last lines of Medea/Médée before she escapes in Seneca, and kills herself in Anouilh. Once again, in that his heroine rejoices in the re-establishment of her virginal intactness, spiritually at least, in being liberated from Jason, Anouilh coincides most fortuitously with the classical antecedent. The dilemma of the personality — not to mention the physiology — in a close human relationship is one of his most dominant themes. It is only in death that Médée can recover her integrity; and similarly, according to M. Henri, it is only thus that Orphée can hope to preserve the *virgo intacta* of his illusions: 'Je t'offre une Eurydice intacte, une Eurydice au vrai visage que la vie ne t'aurait jamais donnée'.'

In his programme notes for the brief run of the play in Paris in 1953, Anouilh explained the attraction for him of the Medea theme. He is interesting not for what he says about who did write a version, which is very little, but for concentrating on who did not, Racine. He regrets the absence of a Racinian

---

[30] Creon's daughter is not in fact named by Euripides. But 'Glauke' is usually supplied by scholiasts, and is interpolated by Villacott in his translation.
[31] J. C. Lapp, 'Anouilh's *Médée*: a debt to Seneca', *Modern Language Notes*, March 1954. Lapp writes of Anouilh's 'translation', but I believe it is clear that Anouilh has borrowed generously from Léon Herrmann's translation (*Belles Lettres*, 1924) and not from Maurice Mignon's more recent version for Garnier (1936).

Médée: 'c'était incontestablement une de ses créatures.' The author of *Eurydice* and *Médée* considers Racine the first to have explored: 'le duel humain, le seul vrai, celui de l'homme et de la femme dans le champ trop clos de l'amour'. In the same year as the performance of *Médée*, Anouilh in another context dwelt yet again on 'le thème de cette rencontre de deux solitudes qu'on appelle un couple'.[32] Anouilh's Jason and Médée are very much two individuals isolated from each other. They are what Orphée and Eurydice would have become, according to M. Henri, if they had lived and married. Just as Orphée 'aurai[t] été le Monsieur qui trompe Eurydice', so now Anouilh shows Médée to be, as it were, 'la Dame qui a trompé Jason', although as the play completely lacks the theatricality of *Eurydice* there is no ironic M. Henri figure to put it so succinctly. But if Médée did it, Jason thought about it. As she says, 'Tu t'échappais déjà. Ton corps reposait près de moi chaque nuit, mais dans ta tête, dans ta sale tête d'homme, fermée, tu forgeais déjà un autre bonheur, sans moi. Alors j'ai essayé de te fuir la première, oui!' He has no counter to this charge, any more than did Orphée to the same argument of M. Henri: 'Mettons, si tu préfères, que tu aurais été le Monsieur qui a envie de tromper Eurydice; ce n'est pas mieux.' In fact the mutual infidelity of Jason and Médée, it is important to realize, is a symptom of the failure of their love to survive, not a cause. This is where Anouilh innovates, just as he did too in making Orphée's glance back at Eurydice similarly a symptom of failure rather than a cause. It is as if he wished to show that no love can survive for any length of time in an absolute form, hence Eurydice's flight from the impossible illusions of Orphée. Nor, more seriously, can it even survive in a relative form: slowly and insidiously Jason and Médée's love had decayed long before the appearance of Créuse. As one of the first critics to write a study of Anouilh put it:

> Je vois bien de quels sentiments elle est alors victime, comme d'ailleurs chacun des principaux héros d'Anouilh: elle manque de confiance dans l'amour, elle ne le croit

[32]*Arts*, 23–30 September 1953, on a French performance of a play by the modern Italian dramatist Ugo Betti.

> pas assez fort pour supporter le poids de la vérité.
> Quand tout sera dit, nous constaterons, je m'en assure
> déjà, que cette défiance est la clé de l'œuvre tout entière.

That was Hubert Gignoux on the character of Eurydice, but writing appropriately in 1946, the year of the publication of *Médée*.[33]

Yet *Médée* is not just a brief, one act reiteration of the theme of the earlier play, an *Eurydice* without the jokes. For all its simplicity and lack of invention compared with *Eurydice*, it presents a far more ambiguous and controversial picture of psycho-sexual alienation — controversial, and for certain readers unacceptable, because of Anouilh's Freudian interpretation of Médée's character. It has been observed often enough that Anouilh creates heroines who are not particularly feminine or who could exclaim like Antigone 'ai-je assez pleuré d'être une fille!' Gignoux was one of the first to note the 'effet singulier' created by the heroes' desire for heroines who are like 'un petit frère', 'le petit soldat qui suit son capitaine', etc. *Médée* contains all of this conventional Anouilh imagery but more besides. The heroine resents not just her sexual dependence and passivity — 'il fallait bien que je lui obéisse et que je lui sourie et que je me pare pour lui plaire' — and the peculiarities of her relationship with Jason ('que rêvais-tu, toi, dans ta petite cervelle de femme?' he asks, shades of Euripides' Jason, in a moment of tenderness!). But she repeats obsessively and with incantatory force her bitterness at possessing a female gender in the first place:

> Amputée!... O soleil, si c'est vrai que je viens de toi, pourquoi m'as-tu faite amputée? Pourquoi m'as-tu faite une fille? Pourquoi ces seins, cette faiblesse, cette plaie ouverte au milieu de moi? N'aurait-il pas été beau le garçon Médée? N'aurait-il pas été fort? Le corps dur comme la pierre, fait pour prendre et partir après, ferme, intact, entier, lui!

There could be no clearer presentation of the female castration complex than this. Médée resents not possessing a body that is 'entier', *entire* in both the special English and

---
[33]Gignoux, *Jean Anouilh*, (1946) Editions du Temps Présent, p. 62.

French senses of uncastrated. She craves the *apparent* biological wholeness of the male,[34] and thus, she believes, the free, untrammelled spiritual completeness that goes with it. But she can enjoy it, as we have seen in her final defiant speech, only in death, when she recovers her symbolic virginity — and her sceptre. The value of *Médée* in Anouilh's *œuvre* is that in these linked and partly overlapping associations of intactness and entireness we encounter in its most powerful and condensed form that sense of *integrity* that is highly personal to Anouilh. The distinction between it and 'purity' in the orthodox moral sense could not be better illustrated.

Yet it is a definition that is achieved at a cost, a cost that any writer who borrows some of the more extreme forms of Freudian theory must be prepared to pay: that of being taxed with misogyny. As a man's view of a certain kind of exacerbated female sexuality, Médée is not a flattering portrait... 'cette femme attachée à l'odeur d'un homme, cette chienne couchée qui attend. Honte! Honte! Mes joues me brûlent, nourrice. Je l'attendais tout le jour, les jambes ouvertes, amputée...'. In her relationship with Jason, she has been both castrated and castrating. As the destroyer of her own children, Médée in this version of the myth hesitates far less than most in its literary history — not for her the tears of her predecessors in Euripides and Seneca. Despite the vast difference of tones, the continuity with the comic Lucienne of *Eurydice* is evident: Médée is the ultimate Anouilh mother. For Duarte Mimoso-Ruiz she may even be the ultimate Anouilh woman, proof of his 'profonde misogynie'. Evidently taking this play to be a quintessence, that critic expresses at its most virulent the objection that occasionally surfaces in Anouilh studies to the disquieting treatment of sexuality in a number of the plays:

> La révolte sexuelle de Médée rejoint une profonde misogynie chez J. Anouilh; de fait, malgré les apparences, la 'mutilation' de Médée implique une comparaison et une

---

[34] In a nutshell, *Peniseid*; cf. Sigmund Freud, 'Three essays on sexuality', *The Complete Psychological Works* vol. 7 (Hogarth Press, 1953), particularly p. 195.

> valorisation de la virilité. Comme chez Freud, la sexualité de la femme chez J. Anouilh n'est conçue que par rapport au modèle masculin. La figure de Médée, tour à tour 'mutilée' et castratrice, rejoint, ainsi, les figures monstrueuses de l'Antiquité comme Scylla, la dévoreuse. La mythe de Médée est, ainsi, non seulement un mythe où se profilent des données misogynes mais également des fantasmes homosexuels dans cette vision de 'l'autre', de la femme destructrice.[35]

Thus in attempting, in a paroxysm of self-loathing, to obliterate her image of herself as a bitch in heat, and in rebelling against her humiliating dependency upon Jason, from which his desertion provides her with a fortuitous liberation, Médée can find herself, existentially, only in murder and self-destruction. Like Jason, she has a commendable degree of self-awareness, but, unlike him, she is unable to regenerate, to re-create an existence characterized by humility and compromise. Jason has the heroic rôle; *Médée* is projected much more ambiguously. At the end of an article devoted precisely to the question of the play's ambiguity, Charles R. Lyons makes a bold attempt to vindicate Anouilh's conception of Médée, and in so doing points in the direction of our final interpretation:... there is virtue in Jason's acceptance of the values of tradition and community; but there is weakness in his appeasement and passive acceptance. Medea is part of the evil which he accepts, and she disintegrates his world as she builds her own. But there is more strength and magnificence in Medea's evil than there is [in] Jason's declaration that his world will be rebuilt.[36] At the time of the performances in 1953 a number of critics, some of whom stated that they had admired the published text as early as 1946–7, wrote favourably of what they considered to be the Sartrean feel of the play, clearly detecting something akin to Lyons' 'strength and magnificence' in the heroine herself.[37] Among them, Robert Kemp saw no contradiction in discerning

[35]Mimoso-Ruiz, *Médée antique et moderne*, pp. 169–70.
[36]Charles R. Lyons, 'The Ambiguity of the Anouilh "Medea", *French Review*, January 1964, p. 319.
[37]Particularly R. Kemp, *Le Monde*, 27 March 1953, and J. de Montalais, *Combat*, 9 April 1953.

at the same time a 'Camusian' ring in the work. Indeed a number of Jason's speeches, such as the following one, are strongly reminiscent of the relativist humanism which Cherea, in Camus's *Caligula*, opposes to the emperor's nihilism:

> Poursuis ta course. Tourne en rond, déchire-toi, bats-toi, méprise, insulte, tue, refuse tout ce qui n'est pas toi. Moi, je m'arrête. Je me contente. J'accepte ces apparences aussi durement, aussi résolument que je les ai acceptées autrefois avec toi. Et s'il faut continuer à se battre, c'est pour elles maintenant que je me battrai, humblement, adossé à ce mur dérisoire, construit de mes mains entre le néant absurde et moi. *Un temps. Il ajoute.* Et c'est cela, sans doute, en fin de compte — et pas autre chose — être un homme.

Jason's concluding speeches, when he is surrounded by death, similarly recall *Le Mythe de Sisyphe*, '... je referai demain avec patience mon pauvre échafaudage d'homme sous l'œil indifférent des dieux...'. 'Il faut vivre maintenant... rebâtir sans illusions un monde à notre mesure pour y attendre de mourir.' One of the most perceptive early interpretations of *Médée* was an essay by the Existentialist philosopher Gabriel Marcel, entitled 'Le tragique chez Jean Anouilh de *Jézabel* à *Médée*'.[38] Marcel was the first to see the pivotal importance of the play in the development of Anouilh's ideas in bidding farewell to suicide and nihilistic rebellion:

> Il m'est tout à fait impossible de ne pas attacher à cette fin une signification symbolique. Pour la première fois, me semble-t-il, le charme est perçu comme maléfice, et du coup il est rompu. L'adieu de Jason à Médée, c'est l'adieu d'Anouilh à son œuvre antérieure, l'adieu à cette âme révoltée dont le secret semble bien résider en quelque nostalgie ombilicale presque informulable, et enfouie profondément hors des prises de la raison.

The passage of time has proved Marcel's interpretation to be correct: *Médée* marks a turning point in Anouilh's

---

[38] G. Marcel, 'Le tragique chez Jean Anouilh de *Jézabel* à *Médée*', *Revue de Paris*, June 1949, p. 109.

development. Unlike Antigone, Orphée, Eurydice and Médée, Jason is a hero who survives.

The general public, however, did not warm to the play in 1953, and it was taken off after only 32 performances. *Médée* was a long delayed production of a *nouvelle pièce noire* published in 1946. Anybody in 1953 who hoped for the theatrical slickness of *L'Invitation au château* or *La Valse des toréadors*, or even the tragi-comic complexity of *Eurydice*, would have been cruelly disappointed. The dramatic structure of *Médée* is static, the setting is bleak, and the metaphor 'noir' echoes about the stage from beginning to end; in its brevity and linear simplicity, the play is most untypical of Anouilh. Yet at the same time — and it is tempting to discern a relationship of cause and effect — the lengthy scene between Médée and Jason, which dominates the play, is one of the most movingly tragic encounters between two people on the brink of personal disaster that can be found anywhere in French theatre of the period. As a confrontation between a *mature* man and woman who have shared enough experience for a lifetime (unlike Orphée and Eurydice), and who are of the same generation (unlike Antigone and Créon), it is an unusual phenomenon in Anouilh's theatre. He writes without irony, artifice or the much vaunted trappings of 'theatricality' — and perhaps there was a personal reason for the urgency and directness of his writing. The poignancy of the scene, particularly the end of it, when Jason departs — *without looking back* — is clear for all to read today. If Anouilh is a misogynist, then, like Euripides, against whom the same charge has sometimes been laid, he is one who is capable, briefly, of creating heroines who experience the deepest pain and despair. But this did not come across to audiences in 1953. The reasons for the play's failure are interesting, and lend added interest, finally, to a study of *Médée*'s place in Anouilh's *œuvre*.

One of the most universally condemned features of the play was its gypsy setting, costumes, caravan and (in a general sense) context. This decision was Anouilh's, and agreed to reluctantly by the designer André Bakst and the director André Barsacq. The latter had been responsible for eight of Anouilh's major productions previously, including *Antigone* and *Eurydice*. He had done most of the designs too, and would have preferred something similar to the urban and contemporary settings of those two plays. Out of loyalty to his author, he justified the gypsy context in a press preview as being 'l'un de ces lieux où la vengeance garde un sens bien précis,' but no-one was convinced. A second reason for the failure of the play is that audiences were convinced even less by the performance of the actress playing Médée, who was disastrously miscast.[39] The part was to have been taken by Anouilh's wife, the beautiful and talented Monelle Valentin, who had created most of his heroine's rôles until then. But she was ill and in the process of parting company with Anouilh, who in fact remarried shortly afterwards. She did little acting thereafter, and retired into illness and obscurity. Likewise André Barsacq was never again entrusted with an Anouilh 'création'. The adieu of Jason to Médée, to recall Gabriel Marcel's phrase, was also the adieu of Jean Anouilh to two of the people to whom, by 1953, he owed much of his success both personally and professionally. I am indebted to André Barsacq's widow, Mme. Mila Barsacq, for permission to reproduce the photograph on the cover of this edition. It depicts Monelle Valentin, Jean Anouilh, André Barsacq and children, taken in happier times.

---

[39] See 'Notes to *Médée*', p.210.

BIBLIOGRAPHY

BOOKS

B. Beugnot, *Les Critiques de notre temps et Anouilh* (Paris: Garnier, 1977) (extensive bibliography).

J. Fletcher (ed.), *Forces in Modern French Drama* (London: University of London, 1972).

J. Guicharnaud, *Modern French Theatre from Giraudoux to Genet* (New Haven: Yale University Press, 1967).

J. Harvey, *Anouilh: A Study in Theatrics* (New Haven: Yale University Press, 1964).

K. W. Kelly, *Jean Anouilh: an annotated bibliography* (Metuchen, New Jersey: Scarecrow Press, 1973).

E. Kushner, *Le Mythe d'Orphée dans la littérature française contemporaine* (Paris: Nizet, 1961).

R. de Luppé, *Jean Anouilh* (Paris: Editions Universitaires, 1959).

H. G. McIntyre, *The Theatre of Jean Anouilh* (London: Harrap, 1981).

L. Mallinger, *Médée: Étude de littérature comparée* (Paris: Louvain, 1897; Geneva: Slatkine, 1971).

D. Mimoso-Ruiz, *Médée antique et moderne: aspects rituels et socio-politiques d'un mythe* (Paris: Editions Ophrys, 1982).

L. C. Pronko, *The World of Jean Anouilh* (Berkeley: University of California Press, 1961).

A. F. Rombout, *La Pureté dans le théâtre de Jean Anouilh: Amour et bonheur, ou l'anarchisme réactionnaire* (Holland: Amsterdam University Press, 1975).

P. Thody, *Anouilh* (Edinburgh and London: Oliver & Boyd, 1968).

P. Vandromme, *Jean Anouilh, un auteur et ses personnages* (Paris: La Table Ronde, 1965).

ARTICLES

J. Duchemin, 'Les Survivances des mythes antiques dans le théâtre français, *Bulletin de l'Association Guillaume Budé* (Paris), 1964, pp. 75–103.

P. G. Hastings, 'Symbolism in the adaptations of Greek myth by modern French dramatists', *Nottingham French Studies*, 2, 1963, pp. 25–34.

F. Jouan, 'Le Retour au mythe grec dans le théâtre français contemporain', *Bulletin de l'Association Guillaume Budé* (Paris), 1952, pp. 62–78.

J. C. Lapp, 'Anouilh's *Médée*: a debt to Seneca', *Modern Language Notes*, March 1954, pp. 183–7.

M. Lebel, 'De la *Médée* d'Euripide à la *Médée* d'Anouilh, *Revue de l'Université Laval*, XI 1956, pp. 200–12.

M. O. Lee, 'Orpheus and Eurydice: some modern versions', *Classical Journal*, 56, 1960–1, pp. 307–13.

C. R. Lyons, 'The ambiguity of the Anouilh "Medea"', *French Review*, January 1964, pp. 312–19.

V. Mellinghoff-Bourgerie, 'A propos de l'*Orphée* de Cocteau et de l'*Eurydice* d'Anouilh. Les fluctuations d'un mythologème', *Revue de Littérature comparée*, 49, 1975, pp. 438–69.

E. B. Manheim, 'Pandora's Box: persistent fantasies as themes in the plays of Jean Anouilh', *Literature and Psychology*, VIII, winter 1958, pp. 6–10 (and p. 16).

DOCTORAL THESES

A. Belli, 'The Use of Mythological Themes and Characters in 20th Century Drama: Four Approaches', New York University, 1965.

M. F. McFeeters, 'The Use of Greek Mythology in the French Theatre from 1914 to 1948', Syracuse University, 1954.

S. Sobolevitch, 'L'Emploi de la mythologie classique dans le théâtre français de 1870 à 1950', Princeton University, 1953.

M. Thaden, 'Medea: A Study in the Adaptability of a Literary Theme', Pennsylvania State University, 1972.

J. Vidos, 'Le Théâtre de Jean Anouilh et le mythe antique', Université de Lyon, 1968.

EURYDICE
1941

PERSONNAGES[1]

ORPHÉE
LE PÈRE } *musiciens ambulants*

EURYDICE
LA MÈRE
VINCENT } *comédiens*
MATHIAS
DULAC, *impresario*
LE PETIT RÉGISSEUR
DEUX FILLES DE LA TROUPE

M. HENRI

LE GARÇON D'HOTEL
LE CHAUFFEUR DE L'AUTOCAR
LE SECRÉTAIRE DU COMMISSARIAT
LE GARÇON DU BUFFET
LA BELLE CAISSIÈRE

PREMIER ACTE

Le buffet d'une gare de province. Style pompeux, usé et sali. Tables de marbre, glaces, banquettes de velours rouge, râpé. Sur sa caisse trop haute, comme un bouddha sur un autel, la caissière, au gros chignon, aux seins énormes. De vieux garçons chauves et dignes, des boules de métal brillant où dorment des torchons puants.

Avant le lever du rideau on a entendu un violon. C'est Orphée qui joue doucement dans un coin près de son père, absorbé dans des comptes sordides devant deux verres vides. Au fond, un seul client, un jeune homme, chapeau rabattu sur les yeux, en imperméable, l'air absent. Musique un instant, puis le père s'arrête de compter, regarde Orphée.

LE PÈRE

Fiston?

ORPHÉE, *sans cesser de jouer.*

Papa?

LE PÈRE

Tu n'as tout de même pas l'intention de faire faire la quête à ton vieux père dans un buffet de gare, fiston?

ORPHÉE

Je joue pour moi.

LE PÈRE *continue.*

Un buffet de gare où il n'y a d'ailleurs qu'un seul consommateur qui fait semblant de ne pas écouter. On la connaît, la ficelle.² Ils font semblant de ne pas écouter et puis après ils font semblant de ne pas voir l'assiette qu'on leur tend. Mais moi je fais semblant de ne pas voir qu'ils font semblant.

Un instant pendant lequel Orphée continue à jouer.

Ça t'amuse tant que cela, toi, de jouer du violon? Je me demande comment, étant musicien, tu peux encore aimer la musique. Moi, quand j'ai bien raclé pour les imbéciles qui jouent aux cartes dans une brasserie, je n'ai qu'une envie...

ORPHÉE, *sans s'arrêter.*

Aller jouer aux cartes dans une autre brasserie.

LE PÈRE, *surpris.*

Oui, d'ailleurs. Qui te l'a dit?

ORPHÉE

Figure-toi qu'il y a vingt ans que je m'en doute.

LE PÈRE

Vingt ans. Tu exagères. Il y a vingt ans, j'avais encore du talent. Comme le temps passe... Il y a vingt ans, aux beaux jours du symphonique, qui aurait dit à ton père qu'il en arriverait à pincer de la harpe aux terrasses des cafés, qui lui aurait dit qu'il en serait réduit à faire la quête dans une petite soucoupe?

ORPHÉE

Maman, chaque fois que tu te faisais renvoyer d'une place...

LE PÈRE

Ta mère ne m'a jamais aimé. Toi non plus, d'ailleurs. Tu ne cherches qu'à m'humilier. Mais ne crois pas que je me laisserai éternellement faire. Tu sais qu'on m'a proposé une place de harpiste au casino de Palavas-les-Flots?³

ORPHÉE

Oui, papa.

LE PÈRE

Et que j'ai refusé parce que la place de violon n'était pas libre pour toi?

ORPHÉE

Oui, papa. Ou plutôt non, papa.

LE PÈRE

Non, papa? Et pourquoi non, papa?

ORPHÉE

Tu as refusé parce que tu sais que tu joues très mal de la harpe et qu'on t'aurait renvoyé le lendemain.

LE PÈRE *se détourne, ulcéré.*

Je ne te réponds même pas.

> *Orphée a repris son violon.*

Tu continues?

ORPHÉE

Oui. Cela te gêne?

LE PÈRE

Cela m'embrouille. Huit fois sept?

ORPHÉE

Cinquante-six.

LE PÈRE

Tu es sûr?

ORPHÉE

Oui.

LE PÈRE

Comme c'est drôle, j'aurais espéré que cela aurait fait soixante-trois. Huit fois neuf font pourtant tout de suite soixante-douze... Tu sais qu'il nous reste très peu d'argent, fiston...

ORPHÉE

Oui.

LE PÈRE

Et c'est tout ce que tu trouves à dire?

ORPHÉE

Oui, papa.

LE PÈRE

Tu songes à mes cheveux blancs?

ORPHÉE

Non, papa.

LE PÈRE

C'est bon. J'y suis habitué.

Il se replonge dans son addition.

Huit fois sept?

ORPHÉE

Cinquante-six.

LE PÈRE, *amer.*

Cinquante-six... Tu n'aurais pas dû me le redire!

Il ferme son calepin et renonce à ses comptes.

Nous n'avons pas mal mangé ce soir pour douze francs soixante-quinze.

ORPHÉE

Non, papa.

LE PÈRE

Tu as eu tort de prendre le légume. Si tu sais choisir, tu as le légume dans le plat garni, et ils te permettent d'échanger ton légume pour un second dessert. Dans les prix fixes, il est toujours plus avantageux de prendre les deux desserts. La tranche napolitaine était un régal... Dans un sens, tu vois, nous avons mieux mangé ce soir pour douze francs soixante-quinze qu'hier pour treize francs cinquante à la carte à Montpellier... Tu me diras qu'il y avait de vraies serviettes au lieu des serviettes en papier. C'était un établissement qui faisait du genre mais finalement ce n'était pas meilleur. Et tu as vu qu'ils nous avaient compté le fromage trois francs? Si, au moins, ils nous avaient apporté le plateau comme dans les vrais grands restaurants, mais penses-tu? Une fois, fiston, j'avais été invité chez Poccardi, tu sais, boulevard des Italiens. On m'apporte le plateau...

ORPHÉE

Tu me l'as déjà raconté dix fois, papa.

LE PÈRE, *ulcéré.*

C'est bon, c'est bon, je n'insiste pas.

Orphée s'est remis à jouer. Au bout d'un moment le père s'ennuie et renonce à bouder.

Dis donc, fiston, c'est bien triste ce que tu joues.

ORPHÉE

C'est triste aussi ce que je pense.

LE PÈRE

A quoi penses-tu?

ORPHÉE

A toi.

LE PÈRE

A moi? Allons donc! qu'est-ce que tu vas me dire encore?

ORPHÉE *s'est arrêté de jouer.*

A toi et à moi.

LE PÈRE

La situation n'est pas brillante, bien sûr, mais nous faisons ce que nous pouvons, fiston.

ORPHÉE

Je pense que depuis que maman est morte, je te suis aux terrasses des cafés avec mon violon, je te regarde te débattre avec tes additions le soir. Je t'écoute parler du menu du prix fixe et puis je me couche et je me relève le lendemain.

LE PÈRE

Quand tu auras mon âge, tu sauras que c'est ça, la vie!

ORPHÉE

Je pense aussi que, tout seul, avec ta harpe, tu ne pourrais jamais vivre.

LE PÈRE, *soudain inquiet.*

Tu veux me quitter?

ORPHÉE

Non. Il est probable que je ne pourrai jamais te quitter. J'ai plus de talent que toi, je suis jeune et je suis sûr que la vie me réserve autre chose; mais je ne pourrai pas vivre, si je sais que tu crèves quelque part.

LE PÈRE

C'est bien, fiston, de penser à son père.

ORPHÉE

C'est bien, oui; c'est lourd aussi. Quelquefois je rêve à ce qui pourrait nous séparer...

LE PÈRE

Allons, allons, nous nous entendons si bien...

ORPHÉE

Une très bonne place où je gagnerais assez pour te faire une pension. Mais c'est un rêve. Un seul musicien ne gagne jamais assez pour avoir deux chambres, quatre repas par jour.

LE PÈRE

Oh! tu sais, je suis très modeste. Un menu à douze francs soixante-quinze comme aujourd'hui, le café, le pousse-café, et un cigare à trois sous, je suis le plus heureux des hommes.

Un temps. Il ajoute.

Je pourrais, à la rigueur, me passer du pousse-café.

ORPHÉE *continue à rêver.*

Il y a aussi le passage à niveau où le train écraserait l'un de nous deux.

LE PÈRE

Hé là! hé là! lequel, fiston?

ORPHÉE, *doucement.*

Oh! cela m'est égal...

LE PÈRE *sursaute.*

Tu es drôle. Pas moi! Je n'ai pas envie de mourir, moi! Tu as des pensées sinistres, ce soir, mon cher.

Il a un renvoi élégant.

Il était pourtant bon, ce lapin! Ah! sacrebleu, tu me fais rire! A ton âge, je trouvais la vie magnifique.

Il lorgne soudain la caissière.

Et l'amour? As-tu songé qu'il y avait l'amour?

ORPHÉE

L'amour? Qu'est-ce que tu crois que c'est, l'amour? Les filles que je peux rencontrer avec toi?

LE PÈRE

Oh! mon cher, peut-on savoir où l'on rencontrera l'amour?

Il se rapproche.

Dis-moi, je n'ai pas l'air trop chauve? Elle est charmante, la caissière. Un peu gironde peut-être. Plutôt pour moi que pour toi. Qu'est-ce que tu lui donnes, toi, à cette gamine, quarante, quarante-cinq?

ORPHÉE *a un pauvre sourire; il lui tape sur l'épaule*

Je sors un peu sur le quai... Nous avons une heure avant le train.

Quand il est sorti, le père se lève, va tourner autour de la caissière qui foudroie du regard ce misérable consommateur. Le père soudain se sent laid, pauvre et chauve; il passe sa main sur sa calvitie et retourne lamentablement prendre ses instruments pour sortir.

EURYDICE *entre brusquement.*

Pardon, monsieur. C'est ici qu'il y avait quelqu'un qui jouait du violon?

LE PÈRE

Oui, mademoiselle. c'était mon fils. Mon fils Orphée.

EURYDICE

Comme c'était joli ce qu'il jouait!

Le père salue, flatté, et sort avec ses instruments. La mère d'Eurydice fait une entrée triomphale. Boa, chapeau à plumes. Elle n'a pas cessé de rajeunir depuis 1920.

LA MÈRE

Eurydice, tu es là!... Il fait une chaleur... J'ai horreur d'attendre dans les gares. Cette tournée est mal organisée comme toujours. Ce régisseur devrait s'arranger pour que les premier rôles, tout au moins, n'aient pas à attendre éternellement la correspondance. Quand tu t'es bien exaspérée toute la journée dans une salle d'attente, comment veux-tu te donner le soir?

EURYDICE

Il n'y a qu'un train, maman, pour les grands et les petits rôles, et il y a une heure de retard à cause de la tempête d'hier. Le régisseur n'y peut rien.

LA MÈRE

Oh! toi, tu soutiens toujours les imbéciles!

LE GARÇON, *qui s'est approché.*

Qu'est-ce que je sers à ces dames?

LA MÈRE

Tu crois que nous prenons quelque chose?

EURYDICE

Maintenant que tu t'es assise triomphalement dans ce café, il vaudrait mieux.

LA MÈRE

Avez-vous un excellent pippermint? Alors un pippermint. En Argentine ou au Brésil, quand la chaleur était vraiment accablante, j'avais toujours recours au pippermint immédiatement avant d'entrer en scène. C'est Sarah[4] qui m'a donné le truc. Un pippermint.

LE GARÇON

Et pour Mademoiselle?

Un café.

LA MÈRE

Tiens-toi droite. Comment se fait-il que tu ne sois pas avec Mathias? Il erre comme une âme en peine.

EURYDICE

Ne t'occupe pas de lui.

LA MÈRE

Tu as tort d'exaspérer ce garçon. Il t'adore. Tu as eu tort, d'abord, d'en faire ton amant; cela, je te l'ai dit à l'époque, mais ce qui est fait est fait. D'ailleurs nous commençons et nous finissons toutes par des comédiens, nous autres. A ton âge, j'étais plus jolie que toi, j'aurais pu prétendre à être entretenue par n'importe qui et je perdais mon temps avec ton père... Tu vois le joli résultat. Tiens-toi droite.

LE GARÇON, *qui a apporté les consommations.*

Avec un peu de glace, Madame?

LA MÈRE

Jamais, mon ami, pour la voix. Ce pippermint est exécrable. Je hais la province, je hais les tournées. Mais Paris ne se toque plus que de petites imbéciles qui n'ont pas de seins et sont incapables de dire trois mots sans bafouiller... Q'est-ce qu'il t'a fait ce garçon, vous n'êtes pas montés dans le même compartiment au départ de Montélimar? Ma petite Eurydice, une mère est une confidente, surtout quand elle a votre âge, enfin je veux dire quand c'est une maman très jeune. Allons, dis-moi, qu'est-ce qu'il t'a fait?...

EURYDICE

Rien, maman.

LA MÈRE

Rien, maman, cela ne veut rien dire. Une chose est sûre, c'est qu'il t'adore. C'est peut-être pour cela que tu ne l'aimes pas. Nous sommes toutes les mêmes. On ne nous refera pas. Il est bon, ce café?

EURYDICE

Je te le donne, je n'en veux pas.

LA MÈRE

Merci. Moi, je l'aime très sucré. Garçon! un autre morceau de sucre pour Mademoiselle. Tu ne l'aimes plus?

EURYDICE

Qui?

LA MÈRE

Mathias.

EURYDICE

Tu perds ton temps, maman.

Le garçon a apporté le sucre, maussade.

Merci, mon ami. Il est plein de chiures de mouches, c'est gai! Moi qui ai fait le tour du monde dans les plus grands hôtels, j'en suis là. Tant pis. Il fondra...

Elle boit son café.

D'ailleurs, tu as raison. Il faut suivre son instinct avant tout. Moi, j'ai toujours suivi mon instinct comme une vraie bête de théâtre que je suis. Il est vrai que tu es si peu artiste! Tiens-toi droite! Ah! voilà Vincent! Le chéri! Il a l'air hors de lui. Sois aimable, je t'en prie. Tu sais que c'est un garçon auquel je tiens beaucoup.

VINCENT *entre, argenté, beau et mou sous des dehors très énergiques. Le geste large, le sourire amer, l'œil vague.*
Baise-main.

Ma bonne amie. Et moi qui te cherche partout.

LA MÈRE

J'étais là, avec Eurydice.

VINCENT

Ce petit régisseur est décidément impossible! Il paraît que nous devons attendre plus d'une heure ici. Nous allons encore jouer sans dîner, c'est couru. C'est agaçant, ma chère, on a beau avoir une patience d'ange, c'est extrêmement agaçant.

EURYDICE

Ce n'est pas la faute du régisseur s'il y a eu une tempête hier soir.

LA MÈRE

Je voudrais bien savoir pourquoi tu prends toujours la défense de ce petit idiot.

VINCENT

Un minus, c'est un minus!... Je ne comprends pas que Dulac garde un incapable pareil à ce poste. Aux dernières nouvelles, il avait égaré la malle où sont tous les postiches. Et on joue les «Burgraves»[5] demain en matinée... Tu vois cela d'ici, sans barbes.

EURYDICE

Mais il la retrouvera, cette malle, elle a dû rester à Montélimar...

VINCENT

Dans ce cas, il la retrouvera peut-être pour demain, mais pour ce soir, pour le «Déshonneur de Geneviève...»[6] bernique! Il prétend que cela n'a pas d'importance parce que c'est une pièce moderne... Moi, en tout état de cause, j'ai prévenu Dulac: je ne joue pas le rôle du docteur sans le bouc.

LE GARÇON, *qui s'approche.*

Qu'est-ce que vous prenez?

VINCENT, *superbe.*

Rien, mon ami. Un verre d'eau.

Le garçon s'est éloigné, vaincu.

Le un et le deux,[7] passe encore, mais tu comprends bien, ma chère amie, qu'avec la meilleure volonté du monde, je ne peux pas jouer la grande scène de reproches du trois sans le bouc. De quoi aurais-je l'air?

Eurydice s'éloigne avec humeur.

LA MÈRE

Où vas-tu, mon petit?

EURYDICE

Je sors un peu, maman.

Elle est sortie brusquement. Vincent l'a regardée sortir, olympien. Quand elle est sortie...

VINCENT

Ma bonne amie, tu sais que je n'ai pas l'habitude de monter sur mes grands chevaux, mais l'attitude de ta fille avec moi est à proprement parler scandaleuse.

LA MÈRE *minaude et essaie de lui prendre la main.*

Mon gros chat...

VINCENT

Notre situation à tous les deux est peut-être délicate, je le lui accorde — quoique après tout tu sois libre, tu es séparée de son père — mais, vraiment, on dirait qu'elle prend plaisir à l'envenimer.

LA MÈRE

C'est une petite dinde. Tu sais qu'elle protège ce garçon, comme elle protège, Dieu sait pourquoi, tout ce qui est mal fichu sur cette terre, les vieux chats, les chiens perdus, les ivrognes. La pensée que tu pourrais amener Dulac à le renvoyer l'a mise hors d'elle tout simplement.

VINCENT

On peut être hors de soi, mais il y a la manière.

LA MÈRE

Mais tu sais bien que c'est précisément ce qui lui manque... Cette enfant a un bon naturel, mais c'est une petite brute.

Mathias entre brusquement. Il est mal rasé, sombre, tendu.

Tiens, bonjour, Mathias.

MATHIAS

Où est Eurydice?

LA MÈRE

Elle vient de sortir.

Mathias sort. La mère le regarde s'éloigner.

Pauvre garçon. Il est fou d'elle. Elle était très gentille avec lui jusqu'à ces derniers temps et puis je ne sais pas ce qu'elle a depuis deux ou trois jours, on dirait qu'elle cherche, qu'elle attend quelque chose... Quoi? Je ne sais pas...

On entend le violon d'Orphée au loin.

LA MÈRE

Qu'est-ce qu'il a, cet idiot, à toujours racler son violon? Il est agaçant.

VINCENT

Il attend le train.

LA MÈRE

Ce n'est pas une raison. Lui et les mouches... Il fait une chaleur!

Le violon s'est rapproché. Ils écoutent. Pendant la scène Eurydice passera au fond comme à sa recherche.

LA MÈRE, *soudain d'une autre voix.*

Tu te rappelles le Grand Casino d'Ostende...

VINCENT

C'était l'année où on avait lancé le tango mexicain...

LA MÈRE

Que tu étais beau!

VINCENT

Je portais encore les pattes à cette époque...

LA MÈRE

Tu avais une façon de vous prendre... Tu te rappelles le premier jour: «Madame, est-ce que vous voulez bien m'accorder ce tango?»

VINCENT

«Mais, Monsieur, je ne danse pas le tango mexicain.»

LA MÈRE

«Rien n'est plus simple, Madame, je vous tiens. Il n'y a qu'à se laisser aller.» Comme tu m'as dit cela!... Et puis tu m'as prise et alors tout s'est confondu, la tête du vieil imbécile qui m'entretenait et qui était resté furieux sur sa chaise, la tête du barman qui me faisait la cour — c'était un Corse, il m'avait dit qu'il me tuerait — les moustaches cirées des tziganes, les grands iris mauves et les renoncules vert pâle qui décoraient les murs... Ah! c'était délicieux. C'était l'époque de la broderie anglaise... J'avais une robe toute blanche...

VINCENT

Moi, j'avais un œillet jaune à la boutonnière et un petit pied de poule vert et marron...

LA MÈRE

Tu m'avais tant serrée en dansant que ma robe était toute gravée en rouge sur ma peau... La vieil idiot s'en est aperçu, il m'a fait une scène, je l'ai giflé et je me suis retrouvée sans un sou dans la rue. Mais tu avais loué une voiture à pompons roses et nous avons suivi le bord de la mer tous les deux jusqu'au soir...

VINCENT

Ah! l'incertain, le troublant premier jour. On se cherche, on se sent, on se devine, on ne se connaît pas encore et on sait pourtant déjà que cela durera toute la vie...

LA MÈRE, *soudain d'un autre ton.*

Pourquoi s'est-on quittés quinze jours après?

VINCENT

Je ne sais pas. Je ne me rappelle plus.

Orphée s'est arrêté de jouer. Eurydice est en face de lui. Ils se regardent.

EURYDICE

C'était vous aussi qui jouiez tout à l'heure?

ORPHÉE

Oui. C'était moi.

EURYDICE

Comme vous jouez bien!

ORPHÉE

Vous trouvez?

EURYDICE

Cela s'appelle comment ce que vous jouiez?

ORPHÉE

Je ne sais pas. J'invente...

EURYDICE, *malgré elle.*

C'est dommage...

ORPHÉE *sourit.*

Pourquoi?

EURYDICE

Je ne sais pas. J'aurais voulu que cela ait un nom.
Une jeune fille passe sur le quai, voit Eurydice, elle appelle.

LA JEUNE FILLE

Eurydice! Tu es là?...

EURYDICE, *sans cesser de regarder Orphée.*

Oui.

LA JEUNE FILLE

Je viens de rencontrer Mathias. Il te cherche, ma petite...
Elle passe.

EURYDICE

Oui.

Elle regarde Orphée.

Vos yeux sont bleu clair.

ORPHÉE

Oui. On ne sait pas de quelle couleur sont les vôtres.

EURYDICE

Ils disent que cela dépend de ce que je pense.

ORPHÉE

En ce moment ils sont vert foncé comme l'eau profonde du bord des pierres du quai.

EURYDICE

Ils disent que c'est quand je suis très heureuse.

ORPHÉE

Qui «ils»?

EURYDICE

Les autres.

LA JEUNE FILLE repasse et crie du quai.

Eurydice!

EURYDICE, sans se détourner.

Oui.

LA JEUNE FILLE

N'oublie pas Mathias!

EURYDICE

Oui.

Elle demande soudain.

Vous croyez que vous me rendez très malheureuse?

ORPHÉE sourit doucement.

Je ne crois pas.

EURYDICE

Ce n'est pas que j'aie peur d'être malheureuse comme je le

suis en ce moment. Non, cela fait mal mais c'est plutôt bon. Ce qui me fait peur, c'est d'être malheureuse et seule quand vous me quitterez.

ORPHÉE

Je ne vous quitterai jamais.

EURYDICE

Est-ce que vous me le jurez?

ORPHÉE

Oui.

EURYDICE

Sur ma tête?

ORPHÉE *sourit.*

Oui.

Ils se regardent. Elle dit soudain, doucement.

EURYDICE

J'aime bien quand vous souriez.

ORPHÉE

Vous, vous ne souriez pas?

EURYDICE

Jamais quand je suis heureuse.

ORPHÉE

Je croyais que vous étiez malheureuse.

EURYDICE

Vous ne comprenez donc rien? Vous êtes donc un vrai homme? Quelle histoire! Ah! nous voilà dans de beaux draps tous les deux, debout l'un en face de l'autre, avec tout ce qui va nous arriver déjà tout prêt derrière nous...

ORPHÉE

Vous croyez qu'il va nous arriver beaucoup de choses?

EURYDICE, *gravement*.

Mais toutes les choses. Toutes les choses qui arrivent à un homme et une femme sur la terre, une par une...

ORPHÉE

Les amusantes, les douces, les terribles?

EURYDICE, *doucement*.

Les honteuses, les sales aussi... Nous allons être très malheureux.

ORPHÉE *la prend dans ses bras.*

Quel bonheur!...

Vincent et la mère, qui rêvaient tête contre tête, commencent doucement.

VINCENT

Ah! l'amour, l'amour! Tu vois, ma belle amie, sur cette terre où tout nous brise, où tout nous déçoit, où tout nous fait mal, c'est une consolation merveilleuse de penser qu'il nous reste l'amour...

LA MÈRE

Mon gros chat...

VINCENT

... Tous les hommes sont menteurs, inconstants, faux, bavards, hypocrites, orgueilleux ou lâches, Lucienne, méprisables ou sensuels; toutes les femmes sont perfides, artificieuses, vaniteuses, curieuses ou dépravées; le monde n'est qu'un égout sans fond où les phoques les plus informes rampent et se tordent sur des montagnes de fange. Mais il y a au monde une chose sainte et sublime, c'est l'union de ces deux êtres si imparfaits et si affreux!

LA MÈRE

Oui, mon gros chat. C'est de Perdican.[8]

VINCENT *s'arrête, surpris.*

Tu crois? Je l'ai tant joué!

LA MÈRE

T'en souviens-tu? Tu le jouais ce premier soir au Grand Casino d'Ostende. Moi, je jouais la «Vierge folle»[9] au Kursaal, mais je n'étais que du premier acte. Je suis venue t'attendre dans ta loge. Tu es sorti de scène encore tout vibrant des beaux mots d'amour que tu venais de dire et tu m'as aimée là, tout de suite, en Louis XV...

VINCENT

Ah! nos nuits d'amour, Lucienne! L'union des corps et des cœurs. L'instant, l'instant unique où on ne sait plus si c'est la chair ou si c'est l'âme qui palpite...

LA MÈRE

Tu sais que tu as été un amant merveilleux, mon grand chien!

VINCENT

Et toi, la plus adorable de toutes les maîtresses!

LA MÈRE

D'ailleurs, je suis folle, tu n'étais pas un amant. Tu étais l'amant. L'inconstant et le fidèle, le fort et le tendre, le fou. Tu étais l'amour. Comme tu m'as fait souffrir...

VINCENT

Ah! on est souvent trompé en amour, souvent blessé, souvent malheureux, Lucienne, mais on aime. Et quand on est sur le bord de sa tombe, on se retourne pour regarder en arrière et on se dit: «J'ai souffert souvent, je me suis trompé quelquefois, mais j'ai aimé. C'est moi qui ai vécu et non pas un être factice créé par mon orgueil et mon ennui!»

LA MÈRE applaudit.

Bravo, mon gros chat, bravo!

VINCENT

C'était encore de Musset?

LA MÈRE

Oui, mon chat.

Orphée et Eurydice les ont écoutés, serrés l'un contre l'autre comme épouvantés.

EURYDICE *murmure.*

Faites-les taire, je vous en supplie, faites-les taire.

Orphée s'avance vers le couple tandis qu'Eurydice se cache.

ORPHÉE

Monsieur, Madame, vous n'allez certainement pas pouvoir comprendre mon attitude. Elle va vous paraître étrange. Très étrange, même. Voilà, il faut que vous sortiez.

VINCENT

Que nous sortions?

ORPHÉE

Oui, Monsieur.

VINCENT

On ferme?

ORPHÉE

Oui, Monsieur. On ferme pour vous.

VINCENT *se lève.*

Mais enfin, Monsieur...

LA MÈRE *s'est levée aussi.*

Mais il n'est pas de l'établissement. Je le reconnais, c'est celui qui jouait du violon...

ORPHÉE

Il faut que vous disparaissiez tout de suite. Je vous assure que si je pouvais vous expliquer, je vous expliquerais, mais je ne peux pas vous expliquer. Vous ne comprendriez pas. Il se passe, en ce moment, ici, quelque chose de grave.

LA MÈRE

Mais il est fou, ce garçon!...

VINCENT

Mais, enfin, sacrebleu, Monsieur, c'est insensé! Ce café est à tout le monde.

ORPHÉE

Plus maintenant.

LA MÈRE

Ah! c'est trop fort, par exemple!

Elle appelle.

Madame, s'il vous plaît! garçon!

ORPHÉE *les pousse vers la porte.*

Non, n'appelez pas, je vous assure. Sortez. Je réglerai moi-même vos consommations.

LA MÈRE

Mais nous n'allons pas nous laisser faire!

ORPHÉE

Je suis un garçon très pacifique, très gentil, très timide même. Je vous assure que je suis timide. Madame, qu'avant je n'aurais jamais osé faire ce que je fais en ce moment...

LA MÈRE

Mais on n'a jamais vu cela!

ORPHÉE

Non, Madame, on n'a jamais vu cela. Moi, en tout cas, je n'avais jamais vu cela.

LA MÈRE, *à Vincent.*

Et tu ne dis rien, toi?

VINCENT

Viens donc, tu vois bien qu'il n'est pas dans son état normal.

LA MÈRE *disparaît en criant.*

Je vais me plaindre au chef de gare!

EURYDICE *sort de sa cachette.*

Ah! qu'ils étaient laids, n'est-ce pas? qu'ils étaient laids, qu'ils étaient bêtes!

ORPHÉE *se retourne vers elle, souriant.*

Chut! Ne parlons plus d'eux. Comme tout prend sa place maintenant que nous sommes seuls, comme tout est lumineux et simple! Il me semble que c'est la première fois que je vois des lustres, des plantes vertes, des boules de métal, des chaises... C'est charmant une chaise. On dirait un insecte qui guette le bruit de nos pas et qui va s'enfuir d'un bond sur ses quatre pattes maigres. Attention! n'avançons pas, ou alors avançons très vite...

Il bondit, entraînant Eurydice.

Nous la tenons! et comme c'est commode une chaise. On peut s'asseoir...

Il la fait asseoir avec un geste cérémonieusement comique, puis la regarde tout triste.

Ce que je ne comprends pas, c'est qu'on ait inventé la seconde.

EURYDICE *l'attire et lui cède une petite place sur sa chaise.*

C'était pour des gens qui ne se connaissaient pas...

ORPHÉE *la prend dans ses bras en criant.*

Moi je vous connais! Tout à l'heure je jouais du violon et vous passiez sur ce quai de gare et je ne vous connaissais pas... Maintenant tout est changé, je vous connais! C'est extraordinaire. Tout est devenu extraordinaire tout d'un coup autour de nous. Regardez... Comme la caissière est belle avec ses deux gros seins posés délicatement sur le marbre du comptoir. Et le garçon! Regardez le garçon. Ces longs pieds plats dans ces bottines à boutons, cette calvitie distinguée et cet air noble, si noble... C'était vraiment un soir extraordinaire, ce soir; nous devions nous rencontrer et rencontrer aussi le garçon le plus noble de France. Un garçon qui aurait pu être préfet, colonel, sociétaire de la Comédie-Française. Dites-moi, garçon...

LE GARÇON *s'est approché.*

Monsieur.

ORPHÉE

Vous êtes charmant.

LE GARÇON

Mais, Monsieur...

ORPHÉE

Si, si. Ne protestez pas. Vous savez, je suis sincère et je n'ai pas l'habitude de faire des compliments. Vous êtes charmant. Et nous nous souviendrons éternellement de vous et de la caissière, Mademoiselle et moi. Vous le lui direz, n'est-ce pas?

LE GARÇON

Oui, Monsieur.

ORPHÉE

Ah! comme c'est amusant de vivre! Je ne savais pas que c'était passionnant de respirer, d'avoir du sang qui passe dans ses veines, des muscles qui bougent...

EURYDICE

Je suis lourde?

ORPHÉE

Oh non! vous avez tout juste le poids qu'il fallait, tout à l'heure j'étais trop léger, je flottais, je me cognais aux meubles, aux gens. Mes bras se détendaient trop loin, mes doigts lâchaient les choses... Comme c'est drôle et comme les calculs de la pesanteur ont été faits à la légère par les savants! Je suis en train de m'apercevoir qu'il me manquait exactement l'appoint de votre poids pour faire partie de cette atmosphère...

EURYDICE

Oh! mon chéri, vous me faites peur! Vous en faites bien partie au moins maintenant? Vous ne vous envolerez plus jamais?

ORPHÉE

Plus jamais.

EURYDICE

Qu'est-ce que je ferais, moi, toute seule sur la terre, comme une idiote, si vous me laissiez? Jurez-moi que vous ne me quitterez pas.

ORPHÉE

Je vous le jure.

EURYDICE

Oui, mais cela, c'est un serment facile! Je l'espère bien que vous n'avez pas l'intention de me quitter! Si vous voulez que je sois vraiment heureuse, jurez-moi que vous n'aurez jamais envie de me quitter, même plus tard, même une minute, même si la plus jolie fille du monde vous regarde.

ORPHÉE

Je le jure aussi.

EURYDICE *s'est levée soudain.*

Vous voyez comme vous êtes faux! vous jurez que même si la plus jolie fille du monde vous regarde vous n'aurez pas envie de me quitter. Mais pour savoir qu'elle vous regarde, il aura fallu que vous la regardiez, vous aussi. Oh! mon Dieu, que je suis malheureuse! Vous venez à peine de commencer à m'aimer et vous pensez déjà aux autres femmes. Jurez-moi que vous ne la verrez même pas, mon chéri, cette idiote...

ORPHÉE

Je serai aveugle.

EURYDICE

Et puis même si vous ne la voyez pas, les gens sont si méchants qu'ils se dépêcheront de vous le dire, pour que j'aie mal. Jurez-moi que vous ne les entendrez pas!

ORPHÉE

Je serai sourd.

EURYDICE

Ou plutôt, non, il y a quelque chose de beaucoup plus simple, jurez-moi tout de suite, sincèrement, de vous-même, et pas pour me faire plaisir, que vous ne trouverez plus jamais aucune femme jolie... Même celles qui ont le genre «belle»... cela ne veut rien dire, vous savez.

ORPHÉE

Je vous le jure.

EURYDICE, *méfiante*.

Même une qui me ressemblerait?

ORPHÉE

Même celle-là. Je me méfierai du coup.

EURYDICE

Et c'est de vous-même que vous jurez?

ORPHÉE

C'est de moi-même.

EURYDICE

Bon. Et, bien entendu, c'est sur ma tête?

ORPHÉE

Sur votre tête.

EURYDICE

Vous n'ignorez pas que, lorsqu'on jure sur la tête, cela veut dire que l'autre meurt si on ne tient pas son serment.

ORPHÉE

Je ne l'ignore pas.

EURYDICE *réfléchit un peu.*

Bon. Mais ce n'est pas tout de même — car je vous crois capable de tout avec votre air d'ange — ce n'est pas que vous pensez intérieurement: «Je peux bien jurer sur sa tête. Qu'est-ce que je risque? Si elle meurt à ce moment-là, quand je voudrai la quitter, au fond, cela sera bien plus commode. Une morte, cela se quitte si facilement, sans scènes, sans larmes...» Oh! je vous connais!

ORPHÉE *sourit.*

C'est ingénieux, mais je n'y avais pas pensé.

EURYDICE

Vraiment? Vous savez, il vaudrait mieux me le dire tout de suite.

ORPHÉE

Vraiment.

EURYDICE

Jurez-le moi.

ORPHÉE *lève la main.*

Voilà.

EURYDICE *se rapproche.*

Bon. Alors, je vais vous dire. Je voulais seulement vous éprouver. Nous n'avons pas fait de vrais serments. Pour faire un vrai serment, il ne suffit pas de faire un tout petit geste de la main, un petit geste équivoque, qu'on peut interpréter comme on veut. Il faut étendre le bras comme cela, cracher par terre... Ne riez pas, vous savez que c'est très sérieux comme nous allons le faire maintenant. Certains disent que non seulement la personne meurt subitement si on manque à sa parole, mais encore qu'elle souffre beaucoup en mourant.

ORPHÉE, *gravement.*

J'en prends note.

EURYDICE

Bon. Alors maintenant que vous savez vraiment à quoi vous m'exposez en mentant, même un tout petit peu, vous allez me jurer, s'il vous plaît, mon chéri, en étendant la main et en crachant par terre, que tout ce que vous m'avez juré était vrai.

ORPHÉE

Je crache, j'étends la main, je jure.

EURYDICE *a un immense soupir.*

Bon. Je vous crois. D'ailleurs, je suis si facile à tromper, si peu méfiante. Vous souriez, vous vous moquez de moi?

ORPHÉE

Je vous regarde. Je m'aperçois que je n'avais pas encore eu le temps de vous regarder.

EURYDICE

Je suis laide? Quelquefois, quand j'ai pleuré ou trop ri, il me vient une petite tache rouge au coin du nez. J'aime mieux vous le dire tout de suite, pour que vous n'ayez pas une mauvaise surprise après.

ORPHÉE

Je me ferai une raison.

EURYDICE

Et puis, je suis maigre.[10] Je ne suis pas si maigre que j'en ai l'air, non; moi, je me trouve même assez bien faite quand je me lave; mais enfin, je ne suis pas une de ces femmes sur lesquelles on s'appuie confortablement.

ORPHÉE

Je ne tenais pas à être très confortable.

EURYDICE

Je ne peux vous donner que ce que j'ai, n'est-ce pas? Alors, il ne faut pas vous figurer des choses... Je suis sotte aussi, je ne sais rien dire et il ne faut pas trop compter sur moi pour la conversation.

ORPHÉE *sourit.*

Vous parlez tout le temps...

EURYDICE

Je parle tout le temps, mais je ne sais pas répondre. C'est d'ailleurs pour cela que je parle tout le temps, pour empêcher qu'on me questionne. C'est ma façon d'être muette. On fait comme on peut. Naturellement, vous détestez cela. C'est bien ma chance! Vous allez voir que rien ne va vous plaire en moi.

ORPHÉE

Vous vous trompez. J'aime bien quand vous parlez trop. Cela fait un petit bruit qui me repose.

EURYDICE

Pensez-vous! Je suis sûre que vous aimez les femmes mystérieuses. Les genres Greta Garbo.[11] Celles qui ont deux mètres, des grands yeux, des grandes bouches, des grandes mains et qui se perdent toute la journée dans les bois en fumant. Je ne suis pas du tout comme cela. Il faut en faire votre deuil tout de suite.

ORPHÉE

Il est fait.

EURYDICE

Oui, vous dites cela, mais je vois bien vos yeux...

Elle se jette dans ses bras.

Oh! mon chéri, mon chéri, c'est trop triste de n'être pas celle que vous aimez! Mais que voulez-vous que je fasse? Que je grandisse? J'essaierai. Je ferai de la gymnastique. Que j'aie l'air hagard?... J'écarquillerai les yeux, je me farderai davantage. J'essaierai d'être sombre, de fumer...

ORPHÉE

Mais non!

EURYDICE

Si, si, j'essaierai d'être mystérieuse. Oh! il ne faut pas croire que c'est très compliqué d'être mystérieuse. Il suffit de ne penser à rien, c'est à la portée de toutes les femmes.[12]

ORPHÉE

Quelle folle!

EURYDICE

Je le serai, comptez-y! Et sage aussi, et dépensière et économe, selon — et docile comme une petite odalisque qu'on retourne dans le lit, ou terriblement injuste les jours où vous aurez envie d'être un peu malheureux à cause de moi. Oh! ces jours-là seulement, soyez tranquille... Et puis cela sera compensé par les jours où je serai maternelle — si maternelle que j'en serai un peu agaçante — les jours de furoncle ou de mal de dents. Enfin, il me restera les bourgeoises, les mal élevées, les prudes, les ambitieuses, les excitées, les molles, pour les jours creux.

ORPHÉE

Et vous croyez que vous pourrez tout jouer?

EURYDICE

Il faudra bien, mon chéri, pour vous garder, puisque vous aurez envie de toutes les femmes...

ORPHÉE

Mais quand serez-vous vous? Vous m'inquiétez.

EURYDICE

Entre-temps. Quand j'aurai cinq minutes, je me débrouillerai.

ORPHÉE

Cela va être une vie de chien!

EURYDICE

C'est cela, l'amour!... Et encore les chiennes ont la partie facile. Avec les chiens il suffit de se laisser flairer un petit peu et puis de trottiner rêveusement quelques mètres, en ayant l'air de ne s'être aperçue de rien. Les hommes sont tellement plus compliqués!

ORPHÉE *l'attire à lui en riant.*

Je vais vous rendre très malheureuse!

EURYDICE, *blottie contre lui.*

Oh, oui! Moi, je serai toute petite, pas exigeante du tout. Il faudra seulement la nuit me laisser dormir sur votre épaule, me tenir la main tout le jour...

ORPHÉE

J'aimais dormir sur le dos, en travers du lit. J'aimais les longues promenades solitaires...

EURYDICE

Nous pourrons essayer de nous mettre en travers côte à côte et dans les promenades je marcherai un peu derrière vous, si vous voulez. Pas trop. Presque à côté de vous tout de même! Mais je vous aimerai si fort aussi! et je vous serai toujours si fidèle, si fidèle... Il faudra seulement me parler toujours pour que je n'aie pas le temps de penser de bêtises...

ORPHÉE *rêve un instant en silence avec elle dans ses bras.*
Il murmure.

Qui êtes-vous? Il me semble que je vous connais depuis longtemps.

EURYDICE

Oh! pourquoi demander qui on est? Cela veut dire si peu de chose, qui on est...

ORPHÉE

Qui êtes-vous? Il est trop tard, je le sais bien, et je ne peux pas vous quitter maintenant... Vous avez surgi tout d'un coup dans cette gare. Je me suis arrêté de jouer du violon et maintenant je vous ai là dans mes bras. Qui êtes-vous?

EURYDICE

Moi non plus, je ne sais pas qui vous êtes. Et pourtant je n'ai pas envie de vous le demander. Je suis bien. C'est assez.

ORPHÉE

Je ne sais pas pourquoi j'ai peur d'avoir mal tout d'un coup.

LA JEUNE FILLE *passe sur le quai.*

Comment! tu es encore là? Mathias t'attend dans la salle d'attente des troisièmes. Si tu ne veux pas qu'il y ait encore des histoires, ma petite, tu ferais tout de même mieux d'y aller...

Elle est passée.

ORPHÉE *a lâché Eurydice.*

Qui est ce Mathias?

EURYDICE, *vite.*

Personne, mon chéri.

ORPHÉE

Voilà trois fois qu'on vient vous dire qu'il vous cherche.

EURYDICE

C'est un garçon de la troupe. C'est personne. Il me cherche. Hé bien, oui, il me cherche. Il a peut-être quelque chose à me dire.

ORPHÉE

Qui est ce Mathias?

EURYDICE *crie.*

Je ne l'aime pas, mon chéri, je ne l'ai jamais aimé!

ORPHÉE

C'est votre amant?

EURYDICE

Oh! vous savez, on a vite fait de dire les choses, de mettre tout sous le même mot. Mais j'aime mieux vous dire la vérité tout de suite et de moi-même. Il faut que tout soit limpide entre nous. Oui, c'est mon amant.

Orphée recule un peu.

Oh! ne reculez pas. J'aurais tant voulu vous dire: je suis une petite fille, je vous ai attendu. C'est votre main qui va pour la première fois me toucher. J'aurais tant voulu vous le dire que, c'est bête, il me semble que cela est.

ORPHÉE

C'est votre amant depuis longtemps?

EURYDICE

Je ne sais plus. Six mois peut-être. Je ne l'ai jamais aimé.

ORPHÉE

Pourquoi alors?

EURYDICE

Pourquoi? Oh! ne posez pas de questions. Quand on ne se connaît pas encore très bien, quand on ne sait pas tout l'un de l'autre, en plus des mots, les questions sont des armes terribles...

ORPHÉE

Pourquoi? Je veux savoir.

EURYDICE

Pourquoi? Hé bien, il était malheureux, j'étais lasse. J'étais seule. Lui m'aimait.

ORPHÉE

Et avant?

EURYDICE

Avant, mon chéri?

ORPHÉE

Avant lui?

EURYDICE

Avant lui?

ORPHÉE

Vous n'avez pas eu d'autre amant?

EURYDICE *a une hésitation imperceptible.*

Non. Jamais.

ORPHÉE

Alors, c'est lui qui vous a appris l'amour? Répondez. Pourquoi restez-vous sans rien dire? Vous m'avez dit que vous vouliez qu'il n'y ait que la vérité entre nous.

EURYDICE *crie désespérément.*

Oui, mais mon chéri, je cherche ce qui vous fera le moins de mal!... que ce soit lui, que vous verrez peut-être, ou bien un autre, il y a longtemps, que vous n'aurez jamais connu...

ORPHÉE

Mais il ne s'agit pas de savoir ce qui me fera le moins de mal! Il s'agit de savoir ce qui est vrai!

EURYDICE

Hé bien, quand j'étais encore très petite, un homme, un étranger, m'a prise, presque de force... Cela a duré quelques semaines et puis il est reparti.

ORPHÉE

Vous l'aimiez, celui-là?

EURYDICE

J'avais mal, j'avais peur, j'avais honte.

ORPHÉE, *après un silence.*

Et c'est tout?

EURYDICE

Oui, mon chéri. Vous voyez, c'était bien bête, bien lamentable, mais tout simple.

ORPHÉE *dit sourdement.*

Je vais tâcher de ne jamais penser à eux.

EURYDICE

Oui, mon chéri.

ORPHÉE

Je vais tâcher de ne jamais imaginer leur visage près du vôtre, leurs yeux sur vous, leurs mains sur vous.

EURYDICE

Oui, mon chéri.

ORPHÉE

Je vais tâcher de ne pas penser qu'ils vous ont déjà tenue.

Il l'a reprise dans ses bras.

Là, maintenant tout recommence. C'est moi qui vous tiens.

EURYDICE *dit tout doucement.*

On est bien dans vos bras. Comme dans une petite maison bien fermée au milieu du monde; une petite maison où personne ne peut plus jamais entrer.

Il se penche sur elle.

Dans ce café?

ORPHÉE

Dans ce café. Moi qui ai honte tout le temps, quand les gens me regardent, je voudrais qu'il soit plein de monde... Ce sera tout de même une belle noce! Nous aurons eu pour témoins la caissière, le garçon le plus noble de France et un petit monsieur modeste en imperméable, qui fait semblant de ne pas nous voir, mais je suis sûr qu'il nous voit...

Il l'embrasse. Le jeune homme en imperméable qui était resté muet au fond depuis le début de l'acte les regarde, se lève doucement et vient s'appuyer à une colonne plus près d'eux. Ils ne l'ont pas vu. Eurydice se dégage soudain.

EURYDICE

Maintenant, il faut que vous me laissiez. Il me reste quelque chose à faire. Non, ne me demandez rien. Sortez une minute, je vous rappelle.

Elle accompagne Orphée au fond puis va rapidement vers la porte qui est grande ouverte sur le quai. Elle s'arrête et reste un instant immobile sur le seuil. On sent qu'elle regarde quelqu'un d'invisible qui la regarde aussi en silence. Soudain, elle dit, dure.

Entre.

Mathias entre lentement sans cesser de la regarder. Il s'arrête sur le seuil.

EURYDICE

Tu m'as vue? Je l'ai embrassé. Je l'aime. Que veux-tu?

MATHIAS

Qui est-ce?

EURYDICE

Je ne sais pas.

MATHIAS

Tu es folle.

EURYDICE

Oui, je suis folle.

MATHIAS

Depuis huit jours, tu me fuis.

EURYDICE

Depuis huit jours je te fuis, oui; mais ce n'est pas à cause de lui, je le connais depuis une heure.

MATHIAS *regarde Eurydice et son regard l'épouvante; il recule.*

Qu'est-ce que tu vas me dire?

EURYDICE

Tu le sais, Mathias.

MATHIAS

Eurydice, tu sais que je ne peux pas vivre sans toi.

EURYDICE

Oui, Mathias. Je l'aime.

MATHIAS

Tu sais que je préfère crever tout de suite que de continuer cette vie tout seul, maintenant que je t'ai eue près de moi. Je ne te demande rien, Eurydice, rien que de ne pas être tout seul...

EURYDICE

Je l'aime, Mathias.

MATHIAS

Mais tu ne sais déjà donc plus dire autre chose?

EURYDICE, *doucement, impitoyablement.*

Je l'aime.

MATHIAS *sort soudain.*

C'est bon, tu l'auras voulu.

EURYDICE *court après lui.*

Ecoute, Mathias, essaie de comprendre; je t'aime bien, seulement je l'aime...

Ils sont sortis. Le jeune homme en imperméable les a regardés s'éloigner. Il sort lentement derrière eux. La scène reste vide un instant. On entend grelotter une sonnerie, puis le sifflement d'un train dans le lointain. Orphée est entré lentement, regardant partir Mathias et Eurydice. Derrière lui le père fait irruption avec sa harpe, tandis que le train siffle et que la sonnerie s'affirme.

LE PÈRE

Le train est annoncé, fiston! Voie deux... Tu viens?

Il fait un pas, prend soudain l'air rêveur.

Heu, tu as réglé? Je crois bien que c'est toi qui m'avais invité.

orphée, *doucement, sans le regarder en face.*

Je ne pars pas, papa.

LE PÈRE

Pourquoi toujours attendre le dernier moment? Le train va être là dans deux minutes et il faut prendre le passage souterrain. Avec la harpe, nous n'avons que le temps.

ORPHÉE

Je ne prends pas ce train.

LE PÈRE

Comment, tu ne prends pas ce train? Et pourquoi ne prends-tu pas ce train, s'il te plaît? Si nous voulons être ce soir à Palavas, c'est le seul possible.

ORPHÉE

Alors, prends-le. Moi, je ne pars pas.

LE PÈRE

Voilà du nouveau, par exemple! qu'est-ce qui te prend?

ORPHÉE

Voilà, papa. Je t'aime bien. Je sais que tu as besoin de moi, cela va être terrible, mais il fallait bien que cela arrive un jour. Je vais te quitter...

le père *joue un homme qui tombe des nues.*

Qu'est-ce que tu dis?

ORPHÉE *crie soudain.*

Tu m'as très bien compris! Ne te le fais pas répéter pour amorcer une scène de faux pathétique! Ne t'arrête pas de respirer pour pâlir; ne commence pas à faire semblant de trembler et de t'arracher les cheveux! Je connais tous tes trucs un par un. C'était bon quand j'étais petit. Ils ne prennent plus.

Il redit tout bas.

Je vais te quitter, papa.

LE PÈRE *change de tactique et se drape soudain dans une dignité exagérée.*

Je refuse de t'écouter, mon petit. Tu n'as pas ton bon sens. Viens.

ORPHÉE

La dignité aussi sera inutile. Je te répète que je connais tous tes trucs.

LE PÈRE, *ulcéré.*

Oublie mes cheveux blancs, oublie mes cheveux blancs! j'ai l'habitude... Mais je te répète que je refuse de t'écouter. C'est net, il me semble?

ORPHÉE

Il faudra pourtant m'écouter parce que tu n'as que deux minutes pour comprendre, ton train siffle.

LE PÈRE *ricane noblement.*

Ah! ah!

ORPHÉE

Ne ricane pas noblement, je t'en supplie! Ecoute-moi. Ce train, il va falloir que tu le prennes tout seul. C'est ta seule chance d'arriver à temps pour avoir la place de harpiste qu'on t'a proposée à Palavas-les-Flots.

LE PÈRE *glapit.*

Mais je l'ai refusée, cette place! Je l'ai refusée à cause de toi!

ORPHÉE

Tu diras que tu as réfléchi, que tu m'abandonnes, que tu acceptes. Tortoni n'a peut-être pas trouvé un autre harpiste. C'est ton ami. Il te donnera la préférence.

LE PÈRE, *amer.*

Ah! tu sais, les amis, les enfants, tout ce qu'on croit sacré. Cela vous claque dans les mains un beau jour. Je suis payé pour le savoir. L'amitié de Tortoni! ah! ah!

Il ricane noblement.

ORPHÉE

Tu crois qu'il ne te donnera pas la place?

LE PÈRE

Je suis certain qu'il me la refusera!

ORPHÉE

Pourtant, il te l'a proposée...

LE PÈRE

Il me l'a proposée mais j'ai décliné l'offre. Il a bu la honte jusqu'à la lie. Et tu ne dois pas oublier que c'est un Italien. Ces gens-là ne pardonnent jamais.

ORPHÉE

Prends tout de même le train, papa. Dès que tu seras parti, je vais téléphoner au casino de Palavas, je te jure que je le convaincrai d'oublier ton refus.

Le père hurle avec une voix qu'on ne soupçonnait pas dans ce corps débile.

LE PÈRE

Jamais!

ORPHÉE

Ne hurle pas! Ce n'est pas un mauvais bougre. Je suis sûr qu'il m'écoutera.

LE PÈRE

Jamais, tu entends! jamais ton père ne s'abaissera!

ORPHÉE

Mais c'est moi qui m'abaisserai! je dirai que c'est ma faute.

LE PÈRE

Non, non.

Un sifflement beaucoup plus proche. Le père saute nerveusement sur ses paquets.

Le train, le train, fiston! Orphée, ne poursuis pas cette scène pénible à laquelle je ne comprends rien. Viens avec moi, tu m'expliqueras en route.

ORPHÉE

Je ne peux pas partir, papa. Je te rejoindrai peut-être plus tard.

LE PÈRE

Mais pourquoi me rejoindre, sacrebleu? Nous avons nos deux billets?

Le train siffle.

ORPHÉE

Je vais téléphoner tout de suite.

Il va à la caisse.

LE PÈRE *le rattrape.*

Ecoute, fiston, ne téléphone pas à cet individu. J'aime mieux te dire tout de suite, la place de harpiste...

ORPHÉE

Oui.

LE PÈRE

Eh bien, il ne me l'a jamais proposée.

ORPHÉE

Comment?

LE PÈRE

Je disais cela pour me faire valoir à tes yeux. C'est moi qui avais eu vent de l'affaire, je l'avais suppliée de me prendre. Il a refusé.

ORPHÉE, *après un petit temps.*

Ah! bon...

Il dit doucement.

Je croyais que tu pouvais avoir cette place. C'est dommage. Cela arrangerait bien des choses.

Un silence.

LE PÈRE, *doucement.*

Je suis vieux, Orphée...

Le train siffle encore.

ORPHÉE, *soudain, dans une sorte de fièvre.*

Prends tout de même le train, je t'en supplie, papa; pars tout de même pour Palavas-les-Flots; il y a des cafés là-bas, c'est la saison, je t'assure que tu gagneras ta vie.

LE PÈRE

Rien qu'avec la harpe... tu plaisantes!

ORPHÉE

Mais ce qui frappait les gens, c'était surtout la harpe. On en voit si peu. Le violon, tous les mendiants en jouent aux terrasses. Le harpe, tu disais toi-même souvent, c'est ce qui nous donnait l'air d'être des artistes.

LE PÈRE

Oui, mais tu jouais bien du violon et puis les femmes te trouvaient jeune, gentil, alors elles poussaient le coude des hommes pour qu'ils mettent vingt sous dans l'assiette. Pour moi tout seul, elles ne le pousseront pas.

ORPHÉE *essaie de rire.*

Mais si, papa, les femmes plus mûres! tu sais bien que tu es un vieux Don Juan.

LE PÈRE *a un regard à la caissière qui l'a humilié tout à l'heure, une caresse à sa calvitie.*

Oh! entre nous, un vieux Don Juan pour bonnes de gargotes et encore... pour bonnes laides.

ORPHÉE

Tu exagères, papa, tu as encore beaucoup de succès!

LE PÈRE

Je te les raconte, mais cela ne se passe pas toujours exactement comme je le dis... Et puis, je ne te l'avais jamais dit, fiston, c'est moi qui t'ai formé, j'avais ma fierté de père, mais je ne sais si tu t'en es déjà aperçu, je... je joue très mal de la harpe.

Il y un silence terrible, Orphée baisse la tête. Il ne peut pas s'empêcher de sourire un peu.

ORPHÉE

On ne peut pas ne pas s'en apercevoir, papa.

LE PÈRE

Tu vois, tu le dis toi-même...

Un silence encore, le train siffle très près.

ORPHÉE *le secoue soudain.*

Papa, je ne peux plus rien pour toi. Si j'étais riche, je te donnerais de l'argent, je n'en ai pas. Va prendre ce train, garde tout ce qu'on avait et bonne chance. Je ne peux pas te dire autre chose.

LE PÈRE

Tout à l'heure encore tu disais que tu ne pouvais pas me quitter!

ORPHÉE

Tout à l'heure, oui. Maintenant, je peux.

On entend le train qui entre en gare.

Voilà ton train. Dépêche-toi, prends la harpe.

LE PÈRE, *qui résiste encore.*

Tu as rencontré quelqu'un, n'est-ce pas?

ORPHÉE

Oui, papa.

LE PÈRE

La petite qui est venue me demander qui jouait du violon tout à l'heure, n'est-ce pas?

ORPHÉE, *a genoux, devant les valises.*

Oui, papa.

Il enlève certaines choses d'une valise et les met dans l'autre.

LE PÈRE

J'ai bavardé avec ces gens-là. Tu sais que c'est une comédienne, une troupe de rien du tout qui joue dans des bataclans. C'est une fille qui te grugera.

ORPHÉE

Oui, papa! fais vite...

LE PÈRE, *à genoux lui aussi et fouillant dans les valises.*

Dire que je t'avais trouvé une fille admirable, sculpturale, premier prix du Conservatoire de Marseille, le profil grec. Une pianiste! Nous aurions fait des trios. Je me serais mis au violoncelle... Je n'aurais jamais cru cela de toi, Orphée!

ORPHÉE

Moi non plus, papa, fais vite.

LE PÈRE

Je te maudis! cela te coûtera cher!

ORPHÉE

Oui, papa.

LE PÈRE *se lève.*

Rigole, rigole! j'ai un billet, je peux gagner d'un jour à l'autre, tu n'auras rien!

ORPHÉE *rit malgré lui, le prend par les épaules.*

Mon papa, mon vieux papa, mon terrible papa. Je t'aime bien, tu sais, quand même, mais je ne peux plus rien pour toi.

LE HAUT-PARLEUR, *dehors.*

Les voyageurs pour Béziers, Montpellier, Sète, Palavas-les-Flots, en voiture.

ORPHÉE

Vite, tu vas le rater. Tu as la harpe, la grosse valise? J'ai deux cents francs sur moi, garde tout le reste.

LE PÈRE

Oh! ne fais pas le généreux. Il n'y a pas lourd.

LE HAUT-PARLEUR

Les voyageurs pour Béziers, Montpellier, Sète, Palavas-les-Flots, en voiture.

LE PÈRE, *soudain.*

Tu crois qu'ils me rembourseront ton billet?

ORPHÉE, *qui l'embrasse.*

Je ne sais pas. Je suis heureux, tu sais, papa. Je l'aime. Je t'écrirai. Tu devrais être un peu content que je sois heureux, j'ai tant envie de vivre!

LE PÈRE, *qui se charge.*

Je ne pourrai jamais tout porter tout seul.

ORPHÉE

Je vais t'aider, tu prendras un porteur.

LE PÈRE, *crie du seuil comme une malédiction ridicule pour laquelle il lâche une partie de ses paquets.*

Tu laisses ton père pour une fille! pour une fille qui ne t'aime peut-être même pas!

ORPHÉE *crie aussi, en le suivant.*

Je suis heureux, papa!

DES VOIX, *dehors.*

En voiture! en voiture! en voiture!

LE PÈRE, *avant de sortir.*

Moi, je vais crever!

ORPHÉE *le pousse.*

Vite, vite, papa!

Les sifflets, les bruits de portières, la vapeur. On entend tout de suite le train qui s'ébranle. Eurydice entre, avec une petite valise, et va s'asseoir dans un coin, toute menue. Orphée est revenu. Il va jusqu'à elle. Elle le regarde.

ORPHÉE

Voilà. C'est fait.

EURYDICE, *drôlement.*

Moi aussi, c'est fait.

ORPHÉE *baisse la tête.*

Je vous demande pardon. Il est un peu ridicule. C'était mon père.

EURYDICE

Il ne faut pas me demander pardon. La dame qui parlait d'amour tout à l'heure avec des glouglous, c'était ma mère. Je n'avais pas osé vous le dire.

Ils sont en face l'un de l'autre, ils se sourient doucement.

ORPHÉE

Je suis content que vous ayez eu honte, vous aussi. C'est un peu comme si nous étions des petits frères.

EURYDICE *sourit.*

Je vous vois traînant, tout petit, avec votre violon, derrière lui...

ORPHÉE

Il avait une place dans un orchestre, mais il me faisait déjà jouer aux terrasses, entre les services. Un jour, un agent nous a emmenés. Il lui racontait que cela tournerait mal pour lui, qu'il était cousin du ministre. L'agent rigolait. Moi, j'avais dix ans, je pleurais. J'avais honte. Je croyais que je finirais au bagne...

EURYDICE *crie, les larmes aux yeux.*

Oh! mon chéri, et je n'étais pas là. Je vous aurais pris par la main, je serais venue avec vous pendant qu'on vous emmenait. Je vous aurais expliqué que ce n'était pas si grave. A dix ans, moi je savais déjà tout.

ORPHÉE

Il jouait du trombone dans ce temps-là. Il a essayé de jouer de tout, le pauvre, sans succès. Je disais: «Je suis le fils du trombone», à la porte, et j'entrais dans son cinéma... C'était beau *Les Mystères de New York!*...[13]

EURYDICE

Et «le Masque aux dents blanches»! quand on n'en pouvait déjà plus d'angoisse au quatrième épisode... Oh! j'aurais voulu être près de vous sur les petits fauteuils raides... J'aurais voulu manger des mandarines avec vous, à l'entracte, vous demander si le cousin de Pearl White était vraiment un traître et ce que pouvait bien penser le Chinois... Oh! j'aurais voulu être petite avec vous! comme c'est dommage...

ORPHÉE

Et c'est passé maintenant. On n'y peut plus rien. Les mandarines sont épluchées, les cinémas repeints à neuf et l'héroïne doit être une vieille dame.

EURYDICE, *doucement.*

Ce n'est pas juste...

Une sonnerie, un sifflet de train qui s'approche.

LE HAUT-PARLEUR

Les voyageurs pour Toulouse, Béziers, Carcassonne, voie 7. Le train entre en gare.

UN AUTRE HAUT-PARLEUR, *plus loin, répète.*

Les voyageurs pour Toulouse, Béziers, Carcassonne, voie 7. Le train entre en gare.

Par la porte ouverte sur le quai, les comédiens de la troupe passent avec des valises.

LA PREMIÈRE FILLE

Vite, ma petite. Nous allons encore voyager debout. Mais, naturellement, les vedettes montent en seconde. Qui leur paie leur supplément, dis, qui leur paie leur supplément?

LA SECONDE *continue son histoire.*

Alors, tu sais ce qu'elle m'a dit? Elle m'a dit: ça m'est égal. J'ai ma position à défendre...

Elles sont passées. Passent la mère et Vincent, surchargés de cartons à chapeaux, de mallettes.

LA MÈRE

Vincent, mon chat, la grosse valise et le carton vert?

VINCENT

Je les tiens. Avance!

LA MÈRE

Méfie-toi, la courroie ne tient pas. Cela me rappelle un jour à Buenos Aires. Le carton à chapeaux de Sarah qui s'ouvre en pleine gare. Il y avait des plumes d'autruche jusque sur les rails...

Ils sont passés. Il passe encore un gros homme soufflant qui crie derrière lui.

DULAC

Vite, bon Dieu, vite! Et vérifie le chargement au fourgon, bougre d'âne! Monte en queue. Nous sommes tous en tête!

EURYDICE, *doucement.*

Tous les personnages de ma vie qui passent...

Courant et ne pouvant courir, comique, lamentable, le

petit régisseur passe encore, trimballant trop de valises, trop de paquets qui tombent. Tout ça dans des cris lointains, des sifflements plus rapprochés du train.

EURYDICE *dit doucement à Orphée.*

Fermez la porte.

Orphée va fermer la porte, le silence soudain les enveloppe.

Voilà. Nous sommes seuls au monde maintenant.

LE HAUT-PARLEUR, *plus loin.*

Les voyageurs pour Toulouse, Béziers, Carcassonne, voie 7. Le train entre en gare.

Orphée est revenu doucement vers elle. Fracas du train qui entre en gare et un cri, un cri qui se transforme en clameur qui se gonfle et fait brusquement place à un terrible silence. La caissière s'est dressée et essaie de voir. Le garçon traverse la scène en courant, il leur jette en passant.

LE GARÇON

Quelqu'un s'est jeté sous l'express, un jeune homme!

Des gens passent en courant sur le quai. Orphée et Eurydice sont l'un en face de l'autre sans oser se regarder; ils ne disent rien. Le jeune homme en imperméable paraît sur le quai; il entre, puis referme la porte, les regarde.

EURYDICE *dit doucement.*

Je n'y pouvais rien, je t'aimais et je ne l'aimais pas.

Il y a un silence, ils regardent droit devant eux. Le jeune homme en imperméable s'est approché d'eux.

LE JEUNE HOMME, *d'une voix neutre, sans cesser de les regarder.*

Il s'est jeté sous la locomotive. Le choc même a dû le tuer.

Quelle horreur!

LE JEUNE HOMME

Non. Il a choisi un assez bon moyen. Le poison est une chose lente qui fait beaucoup souffrir. Et puis on vomit, on se tord, c'est sale. C'est comme avec les barbituriques, il y a des gens qui pensent qu'ils vont dormir.[14] Quelle plaisanterie! c'est une mort dans les hoquets et les mauvaises odeurs.

Il s'est approché, tranquille, souriant.

Croyez-moi... le plus facile quand on est bien fatigué, quand on a longtemps marché avec la même idée fixe, c'est de se laisser glisser dans l'eau comme dans un lit... On étouffe une seconde, avec d'ailleurs un grand luxe d'images... Et puis on s'endort. Enfin!

EURYDICE

Vous croyez qu'il n'a pas eu mal pour mourir?

LE JEUNE HOMME, *doucement.*

On n'a jamais mal pour mourir, mademoiselle. La mort ne fait jamais mal. La mort est douce... Ce qui fait souffrir avec certains poisons, certaines blessures maladroites, c'est la vie. C'est le reste de vie. Il faut se confier franchement à la mort comme à une amie. Une amie à la main délicate et forte.

Orphée et Eurydice se sont serrés l'un contre l'autre. Eurydice dit doucement comme un explication:

EURYDICE

Nous n'avons pas pu faire autrement. Nous nous aimons.

LE JEUNE HOMME

Oui, je sais. Je vous écoute depuis tout à l'heure. Un beau jeune homme et une belle jeune fille! et prêts à jouer le jeu sans tricher, jusqu'au bout. Sans ces petites concessions au confort ou à la facilité qui font les amants vieillissants et prospères.

Deux petites bêtes courageuses, aux membres souples, aux dents longues, prêtes à se battre jusqu'au matin, comme il se doit, et à tomber, blessées ensemble.

EURYDICE, *murmure.*

Mais, Monsieur, nous ne vous connaissons pas...

LE JEUNE HOMME

Moi, je vous connais. Je suis très heureux de cette rencontre. Vous allez partir ensemble? Il n'y a plus qu'un train ce soir. Le train de Marseille. Vous allez le prendre peut-être?

ORPHÉE

Sans doute, oui.

LE JEUNE HOMME

Je vais moi-même là-bas. J'aurai peut-être le plaisir de vous rencontrer.

Il salue et sort. Orphée et Eurydice se retournent l'un vers l'autre. Ils sont debout, tout petits, au milieu de la grande salle déserte.

EURYDICE, *doucement.*

Mon amour.

EURYDICE

Mon cher amour.

ORPHÉE

Voilà l'histoire qui commence...

EURYDICE

J'ai un peu peur... Es-tu bon? Es-tu méchant? Comment t'appelles-tu?

ORPHÉE

Orphée. Et toi?

EURYDICE

Eurydice.

Le rideau tombe

DEUXIÈME ACTE

Une chambre dans un hôtel de province, grande, sombre et sale. Des plafonds trop hauts, perdus dans l'ombre, des doubles rideaux poussiéreux, un grand lit de fer, un paravent, une lumière avare. Orphée et Eurydice sont couchés tout habillés sur le lit.

ORPHÉE

Dire que tout aurait pu rater... Il suffisait que tu passes à droite, moi à gauche. Même pas, il suffisait du vol d'un oiseau, du cri d'un enfant pour que tu détournes la tête une seconde. Je serais en train de racler du violon aux terrasses de Perpignan avec papa.

EURYDICE

Moi, je jouerais ce soir «les Deux Orphelines»[15] au théâtre municipal d'Avignon. C'est maman et moi les deux orphelines.

ORPHÉE

Cette nuit je pensais à toutes les chances qu'il nous avait fallu. Je pensais à ce petit garçon et à cette petite fille inconnus qui s'étaient mis en marche un beau jour, des années à l'avance, vers cette gare de province... Dire qu'on aurait pu ne pas se reconnaître, se tromper de jour ou de gare.

EURYDICE

Ou bien se rencontrer trop petits avec des parents qui nous auraient pris par la main et entraînés de force.

ORPHÉE

Mais heureusement nous ne nous sommes pas trompés d'un

jour, d'une minute. Nous ne nous sommes pas mis en retard une seule fois pendant tout ce long chemin. Oh! nous sommes très forts!

EURYDICE

Oui, mon chéri.

ORPHÉE, *puissant et débonnaire.*

Nous sommes terriblement plus forts que tout au monde, tous les deux!

EURYDICE *le regarde avec un petit sourire.*

Mon Turc! Tu avais pourtant bien peur hier en entrant dans cette chambre.

ORPHÉE

Hier, nous n'étions pas encore plus forts que tout. Je ne voulais pas que notre amour soit à la merci de cette dernière petite chance.

EURYDICE, *doucement.*

Il y en a des choses qu'on ne veut pas comme cela dans le monde et qui sont là bien tranquilles, bien énormes, comme la mer.

ORPHÉE

Dire que nous aurions pu ne plus être rien, hier, en sortant de cette chambre; même pas un frère et une sœur comme en ce moment; rien que deux ennemis, souriants, distants et polis, et parlant d'autre chose. Oh! je déteste l'amour...

EURYDICE

Chut! il ne faut pas le dire...

ORPHÉE

Maintenant, au moins, nous nous connaissons. Nous savons

le poids de notre tête endormie, le bruit de notre rire. Maintenant nous avons des souvenirs pour nous défendre.

EURYDICE

Tout un soir, toute une nuit, tout un jour, comme nous sommes riches!

ORPHÉE

Hier, nous n'avions rien; nous ne savions rien et nous sommes entrés au hasard dans cette chambre, sous l'œil de ce terrible garçon à moustaches qui se doutait que nous allions faire l'amour. Et nous nous sommes mis à nous déshabiller, vite, debout, l'un en face de l'autre...

EURYDICE

Tu jetais comme un fou furieux tes vêtements aux quatre coins de la pièce...

ORPHÉE

Tu tremblais. Tu ne pouvais pas défaire les petits boutons de ta robe et je te regardais les arracher sans faire un geste. Et puis, quand tu as été nue, tu as eu honte soudain.

EURYDICE *baisse la tête.*

J'ai pensé que, moi, j'avais à être belle par-dessus le marché et je n'étais plus sûre...

ORPHÉE

Nous sommes restés un long moment debout l'un en face de l'autre sans oser rien dire, sans oser bouger... Oh! nous étions trop pauvres, trop nus et c'était trop injuste d'être obligé de tout risquer ainsi à la fois, jusqu'à cette brusque tendresse pour toi qui s'était mise à me serrer la gorge parce que tu avais un petit bouton rouge sur l'épaule.

EURYDICE

Et puis après, tout est devenu si facile...

ORPHÉE

Tu as posé ta tête contre moi et tu t'es endormie. Et, moi, je me suis senti devenir fort tout à coup, fort de tout le poids de ta tête. Il me semblait que nous étions couchés nus sur une grève et que ma tendresse était une mer montante qui recouvrait peu à peu nos deux corps étendus... Comme s'il avait fallu notre lutte et notre nudité sur ce lit en désordre pour que nous devenions vraiment deux petits frères.

EURYDICE

Oh! mon chéri, tu pensais tout cela et tu me laissais dormir.

ORPHÉE

Tu me disais bien d'autres choses dans ton rêve auxquelles je ne pouvais pas répondre.

EURYDICE

J'ai parlé? Je parle toujours en dormant. Tu n'as pas écouté, j'espère?

ORPHÉE

Si.

EURYDICE

Tu vois comme tu es traître! au lieu de dormir honnêtement comme moi, tu m'épies. Comment veux-tu que je sache ce que je dis quand je dors?

ORPHÉE

Je n'ai compris que trois mots. Tu as poussé un terrible soupir. Ta bouche s'est un peu tirée et tu as dit: c'est difficile.

EURYDICE *répète.*

C'est difficile...

ORPHÉE

Qu'est-ce qui était donc si difficile?

EURYDICE *reste un moment sans répondre, puis secoue la tête et dit vite avec sa petite voix.*

Je ne sais pas, mon chéri. Je rêvais.

On frappe, c'est le garçon qui entre aussitôt. Il a de grosses moustaches grises, l'air bizarre.

LE GARÇON

Monsieur a sonné?

ORPHÉE

Non.

LE GARÇON

Ah! Je croyais que Monsieur avait sonné.

Il hésite une seconde, puis sort en disant:

Pardon, Monsieur.

EURYDICE, *dès qu'il est sorti.*

Tu crois qu'elles sont vraies?

ORPHÉE

Quoi?

EURYDICE

Ses moustaches.

ORPHÉE

Sûrement. Elles ont l'air d'être fausses. Il n'y a que les fausses barbes qui ont l'air vrai, c'est connu.

EURYDICE

Il n'a pas l'air si noble que notre garçon de la gare, hier soir.

ORPHÉE

Celui qui était de la Comédie-Française? Il était noble mais conventionnel. Et, au fond, sous ses airs imposants, c'était un mou. Je t'assure que celui-là a plus de mystère.

EURYDICE

Oui. Trop. Je n'aime pas les gens qui ont trop de mystère. Il me fait un peu peur. Pas toi?

ORPHÉE

Un peu, je n'osais pas te le dire.

EURYDICE, *se serrant contre lui.*

Oh! mon chéri, serrons-nous fort! Heureusement que nous sommes deux.

ORPHÉE

Nous en avons déjà des personnages dans notre histoire... Deux garçons de café, un noble mou, un moustachu bizarre, la belle caissière et ses énormes seins...

EURYDICE

Quel dommage qu'elle ne nous ait rien dit, la belle caissière!

ORPHÉE

Dans toutes les histoires, il y a comme cela des personnages muets. Elle ne nous a rien dit, mais elle nous regardait tout le temps et si elle n'était pas muette pour l'éternité maintenant, tu verrais tout ce qu'elle nous raconterait sur nous...

EURYDICE

Et l'employé de gare?

ORPHÉE

Le bègue?

EURYDICE

Oui, le charmant petit bègue. Qu'il était petit et gentil! On aurait voulu le prendre par la main et l'emmener avec sa grosse chaîne de montre et sa belle casquette manger des gâteaux chez le pâtissier.

ORPHÉE

Tu te souviens comme il nous a récité toutes les stations où nous ne devions pas changer pour nous faire comprendre, sans erreur possible, celle à laquelle il fallait vraiment qu'on change!

EURYDICE

Oh! le cher petit bègue! Il nous a sûrement porté bonheur. Mais l'autre, l'affreux, la brute, le contrôleur...

ORPHÉE

Ah! l'idiot. Celui qui ne voulait pas comprendre qu'avec un billet de troisième classe pour Perpignan et un autre billet de troisième classe pour Avignon nous voulions deux suppléments de deuxième classe pour Marseille?

EURYDICE

Oui, celui-là. Qu'il était laid celui-là, qu'il était bête avec sa crasse, sa suffisance et ses deux sales grosses joues pleines de je ne sais quoi, bien rasées, bien rouges, sur son col de celluloïd.

ORPHÉE

C'est notre premier personnage ignoble. Notre premier traître. Il y en aura d'autres, tu verras... C'est plein de traîtres, une histoire heureuse.

EURYDICE

Oh! mais celui-là, je le refuse! Je le renvoie. Tu lui diras que je le renvoie! Je ne veux pas d'un imbécile pareil dans mes souvenirs d'avec toi.

ORPHÉE

C'est trop tard, ma chérie, nous n'avons plus le droit de renvoyer personne.

EURYDICE

Alors, toute notre vie, ce gros homme sale et content de lui fera partie de notre premier jour?

ORPHÉE

Toute notre vie.

EURYDICE

Et l'affreuse vieille dame en noir à qui j'ai tiré la langue, celle qui se fâchait contre sa petite bonne maigre. Elle sera toujours là aussi?

ORPHÉE

Toujours à côté de la petite fille qui ne te quittait pas des yeux dans le train, du gros chien qui voulais absolument te suivre, de tous nos personnages charmants.

EURYDICE

Tu crois qu'on ne pourrait pas se rappeler un premier jour avec seulement le gros chien, la petite fille, les gitanes qui dansaient le soir sur la place avec des échasses — et le bon petit bègue, par exemple?... Tu es sûr qu'on ne peut pas trier les mauvais personnages et garder seulement les bons?

ORPHÉE

Ce serait trop beau.

EURYDICE

On ne peut même pas essayer, tu crois, de les imaginer un peu moins laids rien que pour cette première journée... Faire le contrôleur un peu moins content de lui, la sale dame bourgeoise un peu moins acide, un peu moins hypocrite... ou alors sa petite bonne un peu plus grasse, que les sacs à provisions lui soient moins lourds?

ORPHÉE

Impossible. Ils sont passés maintenant, les bons comme les mauvais. Ils ont fait leur petite pirouette, dit leurs trois mots dans ta vie... Ils sont comme cela dans toi, pour toujours.

Il y a un silence.

EURYDICE *demande soudain.*

Alors, une supposition, si on a vu beaucoup de choses laides dans sa vie, elles restent toutes dans vous?

ORPHÉE

Oui.

EURYDICE

Bien rangées les unes à côté des autres, toutes les images sales, tous les gens, même ceux qu'on a haïs, même ceux qu'on a fuis? Tous les tristes mots entendus, tu crois qu'on les garde au fond de soi? Et tous les gestes qu'on a faits, la main se les rappelle encore, tu crois?

ORPHÉE

Oui.

EURYDICE

Tu es sûr que même les mots qu'on a dits sans le vouloir et qu'on n'a jamais pu rattraper, ils sont encore sur notre bouche quand on parle?

ORPHÉE *veut l'embrasser.*

Mais oui, ma folle...

EURYDICE *se dégage.*

Attends, ne m'embrasse pas. Explique-moi plutôt. C'est sûr

que tu viens de me dire, ou si c'est seulement toi qui le penses ? Il y en a d'autres que toi qui l'ont dit ?

ORPHÉE

Bien sûr.

EURYDICE

Des savants ? enfin, de ceux qui doivent savoir les choses, de ceux qu'on peut croire ?

ORPHÉE

Oui.

EURYDICE

Mais on n'est jamais seule alors, avec tout cela autour de soi. On n'est jamais sincère même quand on le veut de toutes ses forces... Si tous les mots sont là, tous les sales éclats de rire, si toutes les mains qui vous ont touchée sont encore collées à votre peau, alors on ne peut jamais devenir une autre ?

ORPHÉE

Qu'est-ce que tu racontes ?

EURYDICE, *après un temps.*

Tu crois qu'on serait la même, toi, si on savait toute petite qu'un jour on aura absolument besoin d'être toute propre, toute nette ? Et quand on dit les choses ? Quand on dit j'ai fait ce geste, j'ai prononcé, j'ai écouté ce mot, j'ai laissé quelqu'un...

Elle s'arrête.

... Quand on les dit à un autre, ces choses, à celui qu'on aime par exemple... ils pensent que cela les tue autour de vous, tes savants ?

ORPHÉE

Oui. On appelle cela se confesser. Après il paraît qu'on est tout lavé, tout luisant...

Ah! et ils en sont bien sûrs?

ORPHÉE

Ils le disent.

EURYDICE, *après avoir réfléchi un petit moment.*

Oui, oui, mais si jamais ils se trompent ou s'ils ont dit cela pour savoir les choses; si jamais elles continuaient à vivre deux fois plus fortes, deux fois plus vivantes, d'avoir été redites; si jamais l'autre se mettait à s'en souvenir toujours... Tu leur diras que je me méfie à tes savants, que, moi, je crois qu'il vaut mieux ne rien dire...

Orphée la regarde, elle le voit et elle ajoute vite, se blottissant contre lui.

Ou alors, mon chéri, quand c'est tout simple, comme pour nous hier, tout dire, bien sûr, comme moi.

Le garçon frappe et entre.

LE GARÇON

Monsieur a sonné?

ORPHÉE

Non.

LE GARÇON

Ah! je vous demande pardon.

Il fait un pas, du seuil il ajoute:

Je vais dire à Monsieur, la sonnette ne fonctionne pas, si Monsieur voulait sonner, il vaudrait mieux qu'il appelle.

ORPHÉE

Entendu.

On croit que le garçon va partir, mais il se ravise, traverse la chambre, va faire jouer les doubles rideaux qu'il ferme puis rouvre.

LE GARÇON

Les doubles rideaux, eux, fonctionnent.

ORPHÉE

Nous voyons cela.

LE GARÇON

J'ai des chambres où c'est le contraire. La sonnette fonctionne et les doubles rideaux ne fonctionnent pas.

Il va sortir et dit encore:

Toutefois, si à une tentative de Monsieur tout à l'heure ils ne fonctionnaient pas, Monsieur n'aurait qu'à sonner...

Il s'arrête.

... enfin appeler, parce que, comme je l'ai dit à Monsieur, la sonnette...

Il a un geste et sort.

ORPHÉE

Voilà notre premier personnage étrange. Nous en aurons d'autres. Cela doit, d'ailleurs, être un brave Auvergnat sans malice.

EURYDICE

Oh! non, il me regarde tout le temps. Tu n'as pas remarqué qu'il me regardait tout le temps?

ORPHÉE

Tu rêves.

EURYDICE

Oh! j'aimais mieux l'autre, j'aimais beaucoup mieux l'autre

de la Comédie-Française... On sentait que même dans les tragédies il ne serait jamais bien dangereux...

Le garçon frappe et entre encore. On a nettement l'impression qu'il était derrière la porte.

LE GARÇON

Je vous demande pardon. J'avais oublié de dire à Monsieur que Madame le demandait en bas pour compléter sa fiche où quelque chose manque. Madame doit la remettre dès ce soir.

ORPHÉE

Elle veut que je descende tout de suite?

LE GARÇON

Oui, Monsieur, si Monsieur le peut.

ORPHÉE

C'est bien, je vous suis. Habille-toi pendant ce temps-là, nous descendrons dîner.

Le garçon ouvre la porte pour laisser passer Orphée et sort derrière lui. Il rentre presque aussitôt, va vers Eurydice qui s'est dressée.

LE GARÇON, *lui tendant une enveloppe.*

Voilà une lettre pour vous. Je devais vous la remettre à vous seule. Madame n'est pas au bureau. J'ai menti. Il n'y a qu'un étage. Vous avez une demi-minute pour la lire.

Il reste debout devant elle. Eurydice a pris la lettre en tremblant un peu, elle la décachète, la lit, la déchire en petits morceaux sans que rien ait bougé sur son visage, puis elle va les jeter.

Jamais dans la corbeille.

Il va à la corbeille, s'agenouille et commence à ramasser les morceaux de papier qu'il enfouit dans la poche de son tablier.

Il y a longtemps que vous vous connaissez?

EURYDICE

Un jour.

LE GARÇON

D'habitude, c'est encore le bon temps.

EURYDICE, *doucement*.

D'habitude, oui.

LE GARÇON

J'en ai vu passer dans cette chambre, couchés sur ce lit, comme vous tout à l'heure. Et pas rien que des beaux. Des trop gras, des trop maigres, des monstres. Tous usant de leur salive à dire «notre amour». Quelquefois, quand le soir vient comme maintenant, il me semble que je les vois, tous ensemble. Ça grouille. Ah! c'est pas beau l'amour!

EURYDICE, *imperceptiblement*.

Non.

ORPHÉE, *entrant*.

Vous êtes encore là?

LE GARÇON

Non, Monsieur. Je sors.

ORPHÉE

La gérante n'était pas en bas.

LE GARÇON

J'ai dû trop m'attarder en montant prévenir Monsieur. Elle n'aura pas eu la patience d'attendre. Cela ne fait rien. Monsieur, ce sera pour ce soir.

Il les regarde encore tous les deux et sort.

ORPHÉE

Qu'est-ce qu'il faisait ici?

EURYDICE

Rien. Il me disait tous les couples qu'il avait vus défiler dans cette chambre.

ORPHÉE

C'est gai!

EURYDICE

Il dit que quelquefois il lui semble les voir tous ensemble. Toute la chambre grouille.

ORPHÉE

Et tu as écouté de pareilles sornettes?

EURYDICE

C'est peut-être pas des sornettes. Puisque tu as dit, toi qui sais tout, que tous les personnages qu'on avait connus continuaient à vivre dans notre souvenir. Peut-être que la chambre aussi se rappelle... Tous ceux qui sont passés ici sont autour de nous, enlacés, des trop gras, des trop maigres, des monstres.

ORPHÉE

Ma folle!

EURYDICE

Le lit en est plein; c'est laid, les gestes.

ORPHÉE *veut l'entraîner.*

Descendons dîner. La rue est rose des premières lumières. Nous allons manger dans un petit bistrot qui sent l'ail. Tu boiras d'ailleurs dans un verre où mille bouches ont déjà bu et les mille gros derrières qui ont creusé la banquette de moleskine te feront une petite place où tu seras tout de même bien. Allons, viens.

EURYDICE *résiste*.

Tu ris, tu ris toujours toi. Tu es si fort.

ORPHÉE

Depuis hier soir! un Turc!... C'est toi qui l'as dit.

EURYDICE

Oui, oui, un Turc qui n'entend rien, qui ne sent rien, qui est bien sûr de lui et va tout droit. Ah! vous pouvez être légers, vous autres — oui — maintenant que vous m'avez rendue bien lourde... Vous dites les choses, vous faites vivre au moment où on s'y attend le moins tous les sales couples qui ont fait des gestes entre ces quatre murs, vous nous poissez de toute une glu de vieux mots et puis vous n'y pensez plus. Vous descendez dîner on disant: il fait bon, il ya des lumières, ça sent l'ail.

ORPHÉE

Tu vas le dire, toi aussi, dans une minute. Viens, quittons cette chambre.

EURYDICE

Pour moi il ne fait plus bon. Ça ne sent plus bon. Comme cela a été court...

ORPHÉE

Mais qu'est-ce que tu as? Tu trembles.

EURYDICE

Oui, je tremble.

ORPHÉE

Tu es toute pâle.

EURYDICE

Oui.

ORPHÉE

Quels yeux as-tu? Je ne t'ai jamais vu ces yeux-là.

Il veut l'attirer, elle se détourne.

EURYDICE

Ne me regarde pas. Quand tu me regardes, ton regard me touche. On dirait que tu as posé tes deux mains sur mes hanches et que tu es entré tout brûlant dans moi. Ne me regarde pas.

ORPHÉE

Je te regarde depuis hier.

Il l'attire, elle se laisse faire; elle murmure contre lui, vaincue.

EURYDICE

Tu es fort, tu sais... Tu as l'air d'un petit garçon maigre et tu es plus fort que tout le monde. Quand tu joues sur ton violon comme hier dans cette gare ou bien quand tu parles, je deviens comme un petit serpent... Je n'ai plus qu'à ramper doucement vers toi.

ORPHÉE *l'enveloppe de ses bras, la chauffe.*

Etes-vous bien, petit serpent?

EURYDICE

Quelquefois tu te tais et je crois que je suis libre comme avant. Je tire sur mon fil de toutes mes forces pendant une minute. Mais tu recommences à parler, le fil s'enroule sur la bobine et je m'en reviens vers mon piège, trop heureuse...

ORPHÉE

Tu es un petit serpent qui se demande trop de choses. Les petits serpents doivent se chauffer au soleil, boire le lait qu'on leur donne et ronronner, bien tranquilles.

EURYDICE, *doucement.*

Ce sont les petits chats qui ronronnent.

ORPHÉE, *qui lui caresse les cheveux.*

Cela ne fait rien, ronronne, je te tiens.

EURYDICE

Tu es un traître. Tu me grattes doucement la tête, je m'endors contre ton bon soleil.

ORPHÉE

Et puis tu dis «c'est difficile».

EURYDICE *crie soudain, se détachant.*

Mon chéri!

ORPHÉE

Oui.

EURYDICE

J'ai peur que ce ne soit trop difficile.

ORPHÉE

Mais quoi?

EURYDICE

Le premier jour tout semble si facile. Le premier jour on n'a qu'à inventer. Tu es sûr que nous n'avons pas tout inventé?

ORPHÉE *lui prend la tête.*

Je suis sûr que je t'aime et que tu m'aimes. Sûr comme des pierres, comme des choses de bois et de fer.

EURYDICE

Oui, mais tu m'as peut-être crue une autre. Et puis quand tu vas me voir en face comme je suis...

ORPHÉE

Depuis hier je te regarde en face. Je t'écoute parler en dormant.

EURYDICE

Oui, mais je ne t'ai pas dit grand-chose. Et si ce soir je me rendors et je dis tout?

ORPHÉE

Tout! quoi tout?

EURYDICE

Les vieux mots collés, les vieilles histoires. Ou si quelqu'un, un des personnages, venait te dire...

ORPHÉE

Qu'est-ce que tu veux qu'on vienne me dire sur toi? Je te connais mieux qu'eux, maintenant.

EURYDICE

Tu crois?

Eurydice lève la tête et regarde Orphée qui continue avec une force joyeuse.

Mon petit soldat! tout un jour que je t'ai sous mes ordres, je te connais bien. Car j'ai été un peu odieux, n'est-ce pas, depuis hier à toujours jouer le capitaine? «Vite, voilà le train. Monte au dernier wagon. Garde les places, je vais chercher le marchand d'oreillers. Réveille-toi, c'est Marseilles. On descend. Du courage, l'hôtel est un peu loin de la gare, mais nous n'avons pas d'argent pour un taxi...» Et le petit soldat ahuri, les yeux encore tout plissés de sommeil, empoigne ses valises avec un bon sourire. Et une deux, une deux, suit bravement son capitaine dans la nuit... Dire que j'aurais pu emmener avec moi une dame avec des chapeaux à plumes et des grands talons claquetants! Je serais mort de peur en demandant la chambre. Et dans le wagon sous le regard de tous ces hommes qui faisaient semblant de dormir pour te déshabiller bien à l'aise... Qui sait? Elle aurait peut-être souri, tiré sa jupe avec un petit geste, laissé tomber sa tête de côté, tout de même contente de tout ce compartiment qui la désire en faisant semblant de dormir... Oh! je serais mort de honte... Mais mon silencieux petit frère à côté de moi est devenu de bois tout de suite. Les jambes escamotées, la jupe mystérieusement longue, les mains enfouies, toute raide. Une petite momie sans regard que les faux dormeurs déçus se mirent à oublier, ronflant l'un après l'autre... Je ne t'ai pas dit merci.

EURYDICE, *doucement, la tête baissée.*

Il ne faut pas.

ORPHÉE

Je ne t'ai pas dit merci non plus pour ton courage...

EURYDICE *balbutie.*

Mon courage?

ORPHÉE

Pour les jours, qui ne vont pas tarder, où tu laisseras passer l'heure du dîner, en fumant, avec moi, la dernière cigarette, une bouffée chacun. Pour les robes que tu feras semblant de ne pas voir dans les vitrines; pour les commerçants ricaneurs, les patrons d'hôtel hostiles, les concierges... Je ne t'ai pas dit merci pour les lits faits, les chambres balayées, les vaisselles, les mains rougies et le gant qui se troue, et l'odeur de la cuisine dans les cheveux. Tout ce que tu m'as donné en acceptant de me suivre.

Eurydice a la tête baissée; il la regarde en silence.

Je ne croyais pas que c'était possible de rencontrer un jour le camarade qui vous accompagne, dur et vif, porte son sac et n'aime pas non plus faire de sourires. Le petit copain muet qu'on met à toutes les sauces et qui, le soir, est belle et chaude contre vous. Pour vous seul une femme, plus secrète, plus tendre que celles que les hommes sont obligés de traîner tout le jour derrière eux, parées d'étoffe. Ma farouche, ma sauvage, ma petite étrangère... Je me suis réveillé cette nuit pour me demander si je n'étais pas un homme aussi lourd que les autres, avec de l'orgueil bête et de grosses mains, et si je te méritais bien.

Eurydice a levé la tête et le regarde fixement dans l'ombre qui est venue.

EURYDICE, *tout doucement.*

Tu penses vraiment tout cela de moi?

ORPHÉE

Oui, mon amour.

EURYDICE *pense encore un petit peu et dit.*

C'est vrai. C'est une bien charmante Eurydice.

ORPHÉE

C'est toi.

EURYDICE

Oui. Et tu as raison, c'est bien une femme pour toi.

Un petit temps, elle dit doucement avec une drôle de petite voix, lui caressant les cheveux:

Mademoiselle Eurydice, ta femme...

ORPHÉE *s'est dressé, fort, joyeux.*

Je vous salue! Maintenant, consentez-vous enfin à venir dîner? Le charmeur de serpents ne peut plus souffler dans sa flûte. Il crève de faim.

EURYDICE, *d'une autre voix.*

Allume la lumière maintenant.

ORPHÉE

Voilà enfin un mot sensé! Pleins feux partout. Flots de clarté. Sortie des fantômes.

Orphée va tourner le commutateur. Une lumière crue inonde et enlaidit la chambre; Eurydice s'est levée.

EURYDICE

Mon chéri, je ne voudrais pas aller dans un restaurant, voir des gens. Si tu veux, je vais descendre, j'achèterai des choses et nous les mangerons ici.

ORPHÉE

Dans la chambre où tout grouille?

EURYDICE

Oui, maintenant cela ne fait plus rien...

ORPHÉE *bouge.*

Cela va être très amusant. Je vais descendre avec toi.

EURYDICE, *vite.*

Non, laisse-moi descendre seule.

Il s'arrête.

Cela me ferait plaisir de te faire ton marché, une fois, comme une personne comme il faut.

ORPHÉE

Alors, achète beaucoup de choses.

EURYDICE

Oui.

ORPHÉE

Il faut faire un repas de fête.

EURYDICE

Oui, mon chéri.

ORPHÉE

Exactement comme si nous avions de l'argent. C'est un miracle que ne comprendront jamais les gens riches... Achète un ananas, un vrai, un ananas du Bon Dieu, pas un triste ananas américain en boîte. Nous n'avons pas de couteau. Nous n'arriverons pas à le manger. Mais il est juste aussi que l'ananas se défende.

EURYDICE *a un petit rire avec les yeux pleins de larmes.*

Oui, mon chéri.

ORPHÉE

Achète aussi des fleurs pour dîner, beaucoup de fleurs...

EURYDICE *balbutie avec son pauvre petit sourire.*

Ça ne se mange pas.

ORPHÉE

C'est vrai. Nous les mettrons sur la table.

Il regarde autour de lui.

Nous n'avons pas de table. Achète tout de même beaucoup de fleurs. Et puis achète des fruits, des pêches, de grosses pêches de vigne, des abricots, des reines-claudes. Un peu de pain pour montrer le côté sérieux de notre caractère et une bouteille de vin blanc qu'on boira dans le verre à dents. Dépêche-toi, je meurs de faim!

Eurydice va prendre son petit chapeau et le met devant la glace.

Tu mets ton chapeau?

EURYDICE

Oui.

Elle se retourne soudain et dit d'une étrange voix rauque:

Adieu, mon chéri.

ORPHÉE *lui crie en riant:*

Tu dis adieu, comme à Marseille?

EURYDICE, *du seuil.*

Oui.[16]

Elle le regarde encore une seconde, souriante et pitoyable, et sort brusquement. Orphée reste un instant immobile, souriant à Eurydice sortie. Soudain son sourire s'efface, ses traits se tirent, une angoisse vague le prend, il court à la porte en appelant.

ORPHÉE

Eurydice!

Il a ouvert la porte et recule, stupéfait.[17] Le jeune homme qui les a abordés dans la gare est sur le seuil, souriant.

LE JEUNE HOMME

Elle vient de descendre.

Orphée a reculé, surpris, hésitant à le reconnaître.

Vous ne me remettez pas? Nous avons fait connaissance

hier dans ce buffet de gare au moment de cet accident... Vous savez, le jeune homme qui s'est jeté sous le train. Je me suis permis d'entrer vous dire bonjour. Vous m'aviez été si sympathiques. Nous sommes voisins. J'ai la chambre onze.

Il fait un pas dans la chambre, il tend un paquet de cigarettes.

Fumez-vous?

Orphée prend machinalement une cigarette.

Moi, je ne fume pas.

Il sort une boîte d'allumettes et allume la cigarette d'Orphée.

Du feu?

ORPHÉE

Merci.

Il referme la porte et demande machinalement:

A qui ai-je l'honneur?...

LE JEUNE HOMME

Des connaissances de voyage, c'est un charme d'ignorer au juste qui on est. Mon nom ne vous dirait rien. Appelez-moi Monsieur Henri.

Il est tout à fait entré dans la chambre. Il regarde Orphée souriant. Orphée le regarde aussi comme fasciné.

M. HENRI

Une belle ville, Marseille. Ce grouillement humain, cette canaillerie, cette crasse. On ne se tue pas autant qu'on le dit dans les ruelles du vieux port, mais c'est tout de même une belle ville. Vous comptez y rester longtemps?

ORPHÉE

Je ne sais pas.

M. HENRI

Je vous ai adressé un peu librement la parole hier. Mais vous étiez si touchants tous les deux serrés l'un contre l'autre au milieu de cette grande salle déserte... Un beau décor, n'est-ce pas? Rouge et sombre, avec cette nuit tombante et ces bruits de gare au fond...

Il le regarde longuement, sourit.

Le petit Orphée et Mademoiselle Eurydice... Ce n'est pas tous les jours qu'on a pareille aubaine... J'aurais pu ne pas vous parler... Habituellement je ne parle à personne. A quoi bon? Vous, je ne sais pourquoi je n'ai pas résisté au désir de mieux vous connaître. Vous êtes musicien?

ORPHÉE

Oui.

M. HENRI

J'aime la musique. J'aime tout ce qui est doux, heureux. En vérité, j'aime le bonheur. Mais parlons de vous. Cela n'est pas intéressant de parler de moi. Et d'abord buvez quelque chose. Cela facilite tellement la conversation.

Il se lève et sonne. Il regarde Orphée en souriant pendant la courte attente.

J'ai beaucoup de plaisir à bavarder un moment avec vous.

Le garçon est entré.

Que buvez-vous? Un alcool? du cognac?

ORPHÉE

Si vous voulez.

M. HENRI

Un cognac, s'il vous plaît.

LE GARÇON

Un seul verre?

M. HENRI

Oui.

A Orphée.

Excusez-moi, je ne bois pas.

Le garçon est sorti; il regarde encore Orphée, souriant.

Je me réjouis beaucoup de cette rencontre.

ORPHÉE *a un geste gêné.*

Je vous remercie.

M. HENRI

Vous devez vous demander pourquoi je m'intéresse tellement à vous.

Orphée a un geste.

J'étais dans le fond de la salle hier lorsqu'elle est venue à vous, comme appelée par votre musique. Ces courts instants où l'on surprend le destin en train de poser ses pions sont bien troublants, n'est-ce pas?

Le garçon est entré.

Ah! voilà votre cognac!

LE GARÇON

Voilà, Monsieur, un cognac.

ORPHÉE

Merci.

Le garçon sort.

M. HENRI, *qui l'a regardé sortir.*

Avez-vous remarqué avec quelle lenteur insolite ce garçon vient de quitter la pièce?

ORPHÉE

Non.

M. HENRI *va écouter à la porte.*

Il s'est certainement remis à son poste derrière la porte.

Il revient vers Orphée.

Je suis sûr qu'il est déjà entré plusieurs fois dans cette chambre sous des prétextes; je suis sûr qu'il a déjà essayé de vous parler?

ORPHÉE

Il a essayé, oui.

M. HENRI

Vous voyez que je ne suis pas le seul à m'intéresser à vous aujourd'hui... Je parie que les commerçants, les employés de gare, les petites filles dans la rue vous sourient aussi depuis hier d'une façon insolite...

ORPHÉE

On est toujours gentil avec les amoureux.

M. HENRI

Ce n'est pas seulement de la gentillesse. Vous ne trouvez pas qu'ils vous regardent un peu trop fixement?

ORPHÉE

Non? Pourquoi?

M. HENRI *sourit.*

Pour rien.

Il rêve un instant, puis lui prend soudain le bras.

Mon cher, il y a deux races d'êtres.[18] Une race nombreuse, féconde, heureuse, une grosse pâte à pétrir, qui mange son saucisson, fait ses enfants, pousse ses outils, compte ses sous, bon an mal an, malgré les épidémies et les guerres, jusqu'à la limite d'âge; des gens pour vivre, des gens pour tous les jours, des gens qu'on n'imagine pas morts. Et puis il y a les autres, les nobles, les héros. Ceux qu'on imagine très bien étendus, pâles, un trou rouge dans la tête, une minute triomphants avec une garde d'honneur ou entre deux gendarmes selon: le gratin. Cela ne vous a jamais tenté?

ORPHÉE

Jamais, et ce soir moins que jamais.

M. HENRI *va à lui, lui met la main sur l'épaule, le regarde et presque tendrement.*

C'est dommage. Il ne faut pas croire exagérément au bonheur. Surtout quand on est de la bonne race. On ne se ménage que des déceptions.

Le garçon frappe et entre.

LE GARÇON

Monsieur, il y a là une jeune fille qui demande Mademoiselle Eurydice. Je lui ai dit qu'elle était sortie, mais elle n'a pas l'air de me croire. Elle insiste pour vous voir, vous. Je lui dis de monter?

LA JEUNE FILLE, *entrant et écartant le garçon.*

Je suis déjà montée. Où est Eurydice?

ORPHÉE

Elle est sortie, Mademoiselle. Qui êtes-vous?

LA JEUNE FILLE

Une de ses amies de la troupe. Il faut que je lui parle tout de suite.

ORPHÉE

Je vous dis qu'elle est sortie. Et puis, je crois qu'elle n'a rien à vous dire.

LA JEUNE FILLE

Vous vous trompez, elle a beaucoup de choses à me dire au contraire. Il y a combien de temps qu'elle est sortie? Est-ce qu'elle a pris sa valise en sortant?

ORPHÉE

Sa valise? Pourquoi voulez-vous qu'elle ait pris sa valise? Elle est descendue acheter notre dîner.

LA JEUNE FILLE

Elle est peut-être descendue acheter votre dîner, mais elle avait de bonnes raisons pour emporter tout de même sa valise parce qu'elle devait nous rejoindre à la gare pour prendre avec nous le train de huit heures douze.

ORPHÉE *crie.*

Rejoindre qui?

LE GARÇON, *qui a tiré sa grosse montre de cuivre.*

Il est huit heures dix minutes quarante secondes.

LA JEUNE FILLE, *comme pour elle.*

Elle doit être déjà sur le quai avec lui. Merci.

Elle fait volte-face. Orphée la rattrape devant la porte.

ORPHÉE

Sur le quai avec qui?

LA JEUNE FILLE

Lâchez-moi. Vous me faites mal. Je vais rater mon train!

LE GARÇON, *qui consulte toujours sa montre.*

Il est onze juste.

DULAC *paraît sur le seuil et dit au garçon.*

Il est treize. Vous retardez. Le train est parti.

A Orphée.

Lâchez cette petite; moi, je peux vous répondre. Sur le quai avec moi.

ORPHÉE *recule.*

Qui êtes-vous?

DULAC

Alfredo Dulac. L'impresario d'Eurydice. Où est-elle?

ORPHÉE

Que lui voulez-vous?

DULAC *s'avance tranquillement dans la pièce, mâchant son vieux cigare.*

Et vous?

ORPHÉE

Eurydice est ma maîtresse.

DULAC

Depuis quand?

ORPHÉE

Depuis hier.

DULAC

Figurez-vous qu'elle est aussi la mienne. Depuis un an.

ORPHÉE

Vous mentez!

DULAC *sourit.*

Parce qu'elle a oublié de vous le dire?

ORPHÉE

Eurydice m'a tout dit avant de me suivre. Elle était la maîtresse depuis trois mois du garçon qui s'est jeté hier sous le train.

DULAC

Croyez-vous qu'il faut être bête! c'est un gaillard qui me jouait les brutes. Tout le monde en avait peur dans la troupe. La petite lui dit qu'elle le quitte, il se flanque sous l'omnibus de Perpignan. Ce que je ne comprends pas d'ailleurs, c'est qu'elle l'ait prévenu, lui. Elle a filé sans un cri, comme une oiselle...

ORPHÉE

Il était probablement le seul à qui elle avait à rendre des comptes.

DULAC

Non. Il y avait moi. D'abord comme impresario. Voilà deux soirs que je la remplace au pied levé, ce n'est jamais drôle. Ensuite parce qu'avant-hier, ne vous déplaise, c'est avec moi qu'elle a passé la nuit.

ORPHÉE *le regarde.*

On ne sait pas ce que vous êtes le plus: odieux ou ridicule...

DULAC *s'avance encore un peu.*

C'est vrai?

ORPHÉE

Je crois bien d'ailleurs que, malgré vos airs, vous êtes surtout ridicule.

DULAC

Parce que la petite était dans ce lit hier soir au lieu d'être dans le mien? Vous êtes un enfant, mon vieux. Une fille comme Eurydice, il faut lui passer ses petits caprices. Elle a aussi été à l'imbécile qui s'est tué hier. Vous, au moins, je comprends. Vous avez de jolis yeux, vous êtes jeune...

ORPHÉE *crie.*

J'aime Eurydice et elle m'aime!

DULAC

Elle vous l'a dit?

ORPHÉE

Oui.

DULAC *va s'asseoir tranquillement dans le fauteuil.*

C'est une fille extraordinaire. Heureusement que je la connais.

ORPHÉE

Et si je la connaissais mieux que vous?

DULAC

Depuis hier?

ORPHÉE

Oui, depuis hier.

DULAC

Ecoutez, je ne pose pas au malin. S'il s'agissait d'une autre question — vous avez l'air plus intelligent que moi — je vous dirais peut-être: «Ah! bon», mais il y a deux choses que je connais bien: mon métier d'abord...

ORPHÉE

Et puis, Eurydice?

DULAC

Non, je n'ai pas cette prétention. J'allais dire un mot beaucoup plus modeste: les femmes. Je suis impresario depuis vingt ans. Les femmes, j'en vends, mon petit, à la grosse, pour lever la jambe dans les revues de province ou brailler le grand air de *La Tosca*[19] dans les casinos: cela m'est égal — et puis, je les aime. Cela fait au moins une bonne raison sur deux pour prétendre les connaître. Et Eurydice est peut-être une drôle de fille — je vous l'ai dit le premier — mais à la façon dont nous avons vu tous deux qu'elle était bâtie, vous m'accorderez que c'est tout de même une femme...

ORPHÉE

Non.

DULAC

Comment, non? Elle vous a paru un ange, la vôtre? Regardez-moi bien, mon vieux, Eurydice a été à moi pendant un an. Est-ce que j'ai un air à séduire un ange?

ORPHÉE

Vous mentez. Eurydice ne peut avoir été à vous!

DULAC

Vous êtes son amant, moi aussi. Voulez-vous que je vous la décrive?

ORPHÉE *recule.*

Non.

DULAC *s'approche, ignoble.*

Comment est-elle, la vôtre? On la sort du lit le matin? On l'arrache à ses romans policiers, à ses cigarettes? D'abord, l'avez-vous vue un seul instant sans un mégot au coin du bec comme un petit voyou? et ses bas? Elle les a retrouvés ses bas en se levant? Soyez donc franc. Avouez en tout cas que sa chemise était accrochée en haut de l'armoire, ses souliers dans la baignoire, son chapeau sous le fauteuil et son sac introuvable. Je lui en ai déjà acheté sept.

ORPHÉE

Ce n'est pas vrai.

DULAC

Comment, ce n'est pas vrai? Vous avez vu une Eurydice ordonnée, vous? Je ne crois pas aux miracles. J'espère, en tout cas, qu'elle vous a déjà fait commencer les stations devant les vitrines. Combien de robes vous a-t-elle déjà demandé de lui acheter depuis hier? combien de chapeaux? entre nous...

ORPHÉE

Eurydice m'a suivi avec une seule robe. Une seule petite valise.

DULAC

Je commence à croire que nous ne parlons pas de la même, ou alors c'est qu'elle pensait que ce n'était pas pour longtemps... Elle vous disait que c'était pour la vie? Je suis sûr qu'elle était sincère. Elle pensait: «Cela sera pour la vie, s'il est assez fort pour me garder, si le papa Dulac ne retrouve pas ma trace, s'il ne vient pas me reprendre.» Et tout au fond d'elle, elle était bien certaine que le papa Dulac la retrouverait. Cela aussi, c'est tout à fait d'elle...

ORPHÉE

Non.

DULAC

Mais si, mon vieux, mais si... Eurydice est un être rare, c'est entendu, mais elle a tout de même la mentalité de toutes ces petites bonnes femmes-là.

ORPHÉE

Ce n'est pas vrai!

DULAC

Rien n'est vrai avec vous; vous êtes drôle! Il y a combien de temps qu'elle est descendue?

ORPHÉE

Vingt minutes.

DULAC

Bon, cela c'est vrai?

ORPHÉE

Oui.

DULAC

Elle a tenu à descendre seule, n'est-ce pas?

ORPHÉE

Oui, cela l'amusait d'acheter seule notre dîner.

DULAC

Cela aussi, c'est vrai?

ORPHÉE

Oui.

DULAC

Eh bien, écoutez-moi, je venais de lui faire remettre une lettre cinq minutes avant, lui demandant de me rejoindre sur le quai.

ORPHÉE

Personne n'a pu lui remettre une lettre, je ne l'ai pas quittée un instant depuis hier.

DULAC

Vous en êtes bien sûr?

Il regarde le garçon. Orphée le regarde aussi sans savoir pourquoi.

LE GARÇON, *qui se trouble soudain.*

Excusez-moi, je crois qu'on m'appelle.

Il disparaît.

ORPHÉE

Je l'ai laissée une minute, c'est vrai. Cet homme était venu me dire qu'on me demandait au bureau.

DULAC

C'est lui que j'avais chargé de remettre un mot à Eurydice seule. Il le lui a remis pendant que vous étiez en bas.

ORPHÉE *va à lui.*

Qu'est-ce que vous lui disiez sur ce mot?

DULAC

Que je l'attendais au train de huit heures douze. Je n'avais pas besoin d'en dire davantage... Puisque le destin venait frapper à sa porte, lui dire: «Eurydice, c'est fini», j'étais sûr qu'elle obéirait. Ce sont les hommes, mon vieux, qui sautent par la fenêtre...

ORPHÉE

Vous voyez pourtant qu'elle n'est pas venue vous rejoindre!

DULAC

C'est d'ailleurs vrai. Elle n'est pas venue. Mais mon Eurydice à moi est toujours en retard. Je ne m'inquiète pas trop. Vous lui avez fait faire un grand marché à la vôtre?

ORPHÉE

Du pain, des fruits.

DULAC

Et vous dites qu'elle est descendue depuis vingt minutes? J'ai l'impression que c'est beaucoup pour acheter du pain et des fruits. La rue est pleine de marchandes. Est-ce que votre Eurydice ne serait pas également en retard?

A la jeune fille.

Elle doit être à la gare en train de nous chercher, va voir, toi.

ORPHÉE

J'y vais aussi!

DULAC

Vous commencez à croire qu'elle a pu vouloir nous rejoindre? Moi, je reste ici.

ORPHÉE *s'arrête et crie à la jeune fille.*

Si vous la voyez, dites-lui que...

DULAC

C'est inutile. Si elle la trouve à la gare, c'est que c'est moi qui avais raison; c'est que votre petite Eurydice fidèle et ordonnée était un rêve. Et dans ce cas, vous n'avez plus rien à lui dire.

ORPHÉE *crie à la jeune fille.*

Dites-lui que je l'aime!

DULAC

Vous lui tirerez peut-être une larme; elle est sensible. C'est tout.

ORPHÉE *crie encore.*

Dites-lui qu'elle n'est pas comme les autres croient, qu'elle est comme moi je sais qu'elle est!

DULAC

C'est trop compliqué à expliquer dans une gare. Fais vite, toi, et, tenez, je suis beau joueur, ramène-là. Dans une minute elle va pouvoir nous le dire, elle, ce qu'elle est.

La jeune fille va sortir, elle se heurte au garçon qui paraît sur le seuil.

LE GARÇON

Monsieur...

ORPHÉE

Qu'est-ce que c'est?

LE GARÇON

C'est un agent avec la camionnette de la police...

ORPHÉE

Qu'est-ce qu'il veut?

LE GARÇON

Il vient demander s'il y a quelqu'un ici qui était parent de la jeune fille, parce qu'elle a eu un accident, Monsieur, dans le car de Toulon...

ORPHÉE *crie comme un fou.*

Elle est blessée? Elle est en bas?

Il se précipite dans le couloir, Dulac le suit jetant son cigare avec un juron étouffé; la jeune fille disparaît aussi.

DULAC, *en sortant.*

Qu'est-ce qu'elle allait faire dans le car de Toulon?

Le garçon est resté seul en face de M. Henri qui n'a pas fait un geste.

LE GARÇON

Ils ne sauront jamais ce qu'elle allait y faire... Elle n'est pas blessée, elle est morte. En sortant de Marseille le car a accroché un camion-citerne. Les autres voyageurs ont seulement reçu des éclats de vitres. Il n'y a qu'elle... Je l'ai vue, ils l'ont étendue dans le fond de la camionnette. Elle n'a qu'une toute petite blessure à la tempe. On dirait qu'elle dort.

M. Henri ne semble pas l'entendre. Les mains enfoncées dans les poches de son manteau, il passe devant lui. Sur le seuil il se retourne.

M. HENRI

Vous direz qu'on prépare ma note. Je pars ce soir.

Il sort.

Le rideau tombe

TROISIÈME ACTE

Le décor du buffet de la gare dans l'ombre. C'est nuit. Une vague lueur vient seulement des quais où brillent seules les lumières des signaux. On entend le grelottement imprécis d'un timbre au loin.

Le buffet est désert. Les chaises sont empilées sur les tables. La scène reste vide un instant, puis une des portes du quai s'entrouvre: M. Henri entre et fait entrer Orphée sans chapeau, vêtu d'un imperméable. Il est hâve, fatigué.

ORPHÉE *regarde autour de lui sans comprendre.*

Où sommes-nous?

M. HENRI

Tu ne reconnais pas?

ORPHÉE

Je ne peux plus marcher.

M. HENRI

Tu vas te reposer.

Il prend une chaise sur une table.

Tiens, une chaise.

Orphée s'assoit.

ORPHÉE

Où sommes-nous? Est-ce que j'ai bu? Tout tourne autour de moi. Qu'est qui s'est passé depuis hier?

M. HENRI

C'est encore hier.

ORPHÉE *réalise soudain et crie, voulant se lever.*
Vous m'avez promis...

M. HENRI *lui met la main sur l'épaule.*
Oui, je t'ai promis. Reste assis. Repose-toi. Veux-tu fumer?
Il tend une cigarette qu'Orphée prend machinalement.

ORPHÉE *regarde encore autour de lui pendant que l'allumette brûle.*
Où sommes-nous?

M. HENRI

Devine.

ORPHÉE

Je veux savoir où nous sommes.

M. HENRI

Tu m'as dit que tu n'aurais pas peur.

ORPHÉE

Je n'ai pas peur. Je veux seulement savoir si nous somme enfin arrivés.

M. HENRI

Oui, nous sommes arrivés.

ORPHÉE

Où?

M. HENRI

Un peu de patience.

Il frotte encore une allumette, suit les murs, va à un commutateur électrique. Un petit bruit dans l'ombre, une applique s'allume sur le mur du fond, dispensant une lumière avare.

Tu reconnais maintenant?

ORPHÉE

C'est le buffet de la gare...

M. HENRI

Oui.

ORPHÉE *se dresse.*

Vous m'avez menti, n'est-ce pas?

M. HENRI *le force à se rasseoir.*

Non. Je ne mens jamais. Reste assis. Ne crie pas.

ORPHÉE

Pourquoi êtes-vous entré dans ma chambre tout à l'heure? J'étais couché sur ce lit défait. J'avais mal. J'étais presque bien, vautré dans mon mal.

M. HENRI, *sourdement.*

Je n'avais plus le courage de t'écouter souffrir.

ORPHÉE

Qu'est-ce que cela pouvait bien vous faire que je souffre?

M. HENRI

Je ne sais pas. C'est la première fois. Quelque chose d'étranger qui s'est mis à faiblir en moi. Et si tu pleurais, si tu souffrais encore, cela allait saigner comme une plaie... J'étais en train de quitter l'hôtel. J'ai reposé mes valises et je suis entré pour te calmer. Et comme rien ne te calmait, alors je t'ai fait cette promesse pour que tu te taises.

ORPHÉE

Je me suis tu, maintenant. J'ai mal sans bruit. Si vous avez les nerfs sensibles, cela doit vous suffire.

M. HENRI

Tu ne me crois toujours pas?

ORPHÉE *se prend la tête à deux mains.*

Je voudrais vous croire de toutes mes forces, mais je ne vous crois pas, non.

M. HENRI *a un petit rire silencieux; il tire les cheveux d'Orphée.*

Dure tête! petit homme. Tu pleures, tu gémis, tu souffres, mais tu ne veux pas croire. Je t'aime bien. Il a fallu que je t'aime bien, hier, pour ne pas fuir aussitôt, comme d'habitude. Pour entrer dans cette chambre où tu sanglotais. Je hais la douleur.

Il lui tire encore les cheveux avec une sorte de tendresse étrange.

Bientôt tu ne pleureras plus, petite tête, tu n'auras plus à te demander s'il faut croire ou s'il ne faut pas croire.

ORPHÉE

Elle va venir?

M. HENRI

Elle est déjà ici.

ORPHÉE

Dans cette gare?

Il crie.

Mais elle est morte, j'ai vu les hommes l'emporter.

M. HENRI

Tu veux comprendre, hein, petit homme? Cela ne te suffit pas que le destin fasse une exception énorme pour toi. Tu as mis ta main sans trembler dans la mienne, tu m'as suivi sans même me demander qui j'étais, sans ralentir le pas jusqu'au bout de la nuit, mais tu veux comprendre tout de même...

ORPHÉE

Non. Je veux la revoir. C'est tout.

M. HENRI

Tu n'es pas plus curieux que cela? Je t'amène aux portes de la mort et tu ne penses qu'à ta bonne amie, petit homme... Tu as bien raison, la mort ne mérite que ton mépris. Elle abat ses énormes filets, fauche au hasard, grotesque, épouvantable, géante. Une imbécile capable de se faucher un membre avec le reste. Pour qui vous a vu vous tirer d'affaire, tenir bon à la crosse d'une mitrailleuse ou à la barre d'un navire, tirer parti de tout et abattre avec précision votre ennemi, les hommes sont autrement redoutables. Pauvre mort... Lourde folle.

Il s'est assis près d'Orphée, un peu las.

Je vais te confier un secret, à toi seul, parce que je t'aime bien. Elle n'a qu'une chose pour elle que personne ne sait. Elle est bonne, elle est effroyablement bonne. Elle a peur des larmes, des douleurs. Chaque fois qu'elle le peut, chaque fois que la vie le lui permet, elle fait vite... Elle dénoue, détend, délace, tandis que la vie s'obstine, se cramponne comme une pauvre, même si elle a perdu la partie, même si l'homme ne peut plus bouger, s'il est défiguré, même s'il doit souffrir toujours. La mort seule est une amie. Du bout du doigt, elle rend au monstre son visage, elle apaise le damné, elle délivre.

ORPHÉE *crie soudain.*

Moi, j'aurais préféré Eurydice défigurée, souffrante, vieille!

M. HENRI *baisse la tête, soudain accablé.*

Bien sûr, petite tête, vous êtes tous pareils.

ORPHÉE

Elle m'a volé ma Eurydice, oui, l'amie! du doigt elle a fané Eurydice jeune, Eurydice légère, Eurydice souriante...

M. HENRI *se lève soudain comme excédé, il dit brusquement:*

Elle va te la rendre.

ORPHÉE *s'est dressé aussi.*

Quand?

M. HENRI

Tout de suite. Mais écoute-moi bien. Ton bonheur était de toute façon fini. Ces vingt-quatre heures, ce pauvre jour, c'est tout ce qu'elle réservait au petit Orphée et à la petite Eurydice, la vie — ta chère vie. Aujourd'hui tu ne pleurerais peut-être pas Eurydice morte, mais tu serais en train de pleurer Eurydice échappée...

ORPHÉE

Ce n'est pas vrai. Elle n'avais pas été au rendez-vous de cet homme!

M. HENRI

Non. Mais elle n'était pas revenue dans ta chambre non plus. Elle avait pris le car de Toulon toute seule, sans argent, sans valise. Où fuyait-elle? Et qui était-elle au juste, cette petite Eurydice que tu as cru pouvoir aimer?

ORPHÉE

Qui qu'elle soit, je l'aime encore. Je veux la revoir. Ah! je vous en supplie, Monsieur, rendez-la-moi, même imparfaite. Je veux avoir mal et honte à cause d'elle. Je veux la reperdre et la retrouver. Je veux la haïr et la bercer après comme un petit enfant. Je veux lutter, je veux souffrir, je veux accepter... Je veux vivre.

M. HENRI, *agacé.*

Tu vas vivre...

ORPHÉE

Avec les taches, les ratures, les désespoirs et les recommencements — avec la honte...

M. HENRI *le regarde, méprisant et tendre tout de même; il murmure.*

Petit homme...

Il va à lui, d'un autre ton.

Adieu, on te la rend. Elle est là, sur le quai, à la même place où tu l'as vue hier pour la première fois — à t'attendre, éternellement. Tu te souviens de la condition?

ORPHÉE, *qui regarde déjà la porte.*

Oui.

M. HENRI

Répète. Si tu oubliais cette condition, je ne pourrais plus rien pour toi.

ORPHÉE

Je ne dois pas la regarder en face.

M. HENRI

Cela ne sera pas facile.

ORPHÉE

Si je la regarde en face une seule fois avant le matin, je la reperds.

M. HENRI *s'arrête, souriant.*

Tu ne demandes plus pourquoi, ni comment, dure tête?

ORPHÉE, *qui regarde toujours la porte.*

Non.

M. HENRI *sourit encore.*

C'est bien... Adieu. Tu peux tout reprendre au commencement. Ne me remercie pas. A bientôt.

Il sort. Orphée reste un instant sans bouger, puis il va à la porte et il ouvre sur le quai désert. Orphée d'abord ne dit rien, puis sourdement il questionne sans regarder.

ORPHÉE

Tu es là?

EURYDICE

Oui, mon chéri. Je sais. Ils me l'ont dit.

ORPHÉE

On m'a permis de venir te reprendre... Seulement, je ne dois pas te regarder avant le jour.

EURYDICE *paraît.*

Oui, mon chéri. Je sais. Ils me l'ont dit.

ORPHÉE *la prend par la main et l'entraîne sans la regarder. Ils traversent la scène en silence jusqu'à une banquette.*

Viens. Nous allons attendre l'aube ici. Quand les garçons arriveront pour le premier train, au lever du jour, nous serons libres. Nous leur demanderons du café bien chaud, de quoi manger. Tu seras vivante. Tu n'as pas eu trop froid?

EURYDICE

Si. C'est surtout cela. Un froid terrible. Mais on m'a défendu de parler de rien. Je peux seulement dire jusqu'au moment où le chauffeur a fait ce sourire dans le rétroviseur[20] et où le camion-citerne s'est jeté sur nous comme une bête folle.

ORPHÉE

Le chauffeur s'était retourné pour sourire dans la glace?

EURYDICE

Oui. Tu sais, ces garçons du Midi, ils croient que toutes les femmes les regardent. Je n'avais pourtant pas envie d'être regardée.

ORPHÉE

C'était à toi qu'il souriait?

EURYDICE

Oui. Je t'expliquerai plus tard, mon chéri. Il a donné un coup de volant et tout le monde a crié à la fois. J'ai vu le camion-citerne bondir et le sourire du garçon devenir une grimace. C'est tout.

Un temps. Elle ajoute de sa petite voix.

Après je n'ai plus le droit.

ORPHÉE

Tu es bien?

EURYDICE

Oh! oui, contre toi.

ORPHÉE

Prends mon manteau sur tes épaules.

Il lui met son manteau. Un silence. Ils sont bien.

EURYDICE

Tu te rappelles le garçon de la Comédie-Française?

ORPHÉE

On va le revoir demain matin.

EURYDICE

Et la belle caissière muette? On va peut-être savoir enfin ce qu'elle pensait de nous. C'est commode de revivre... C'est comme si on venait seulement de se rencontrer.

Elle demande comme la première fois.

Es-tu bon, es-tu méchant, comment t'appelles-tu?

ORPHÉE *se prête au jeu en souriant.*

Orphée, et toi?

EURYDICE

Eurydice...

Et puis doucement elle ajoute:

Seulement cette fois nous sommes prévenus.

Elle baisse la tête, elle dit après un petit temps.

Je te demande pardon. Tu as dû avoir si peur...

ORPHÉE

Oui. Au début c'est une présence sourde qui vous accompagne, qui vous fixe par derrière, qui vous écoute parler. Et puis tout d'un coup, cela vous saute dessus comme une bête. C'est d'abord un poids de plus en plus lourd qu'on porte sur les épaules et puis cela bouge, cela se met à vous labourer la nuque, à vous étrangler. Et on regarde les autres qui sont calmes, les autres qui n'ont pas de bête sur leur dos, qui n'ont pas peur et qui disent: «Non, c'est normal, elle a peut-être raté le tramway, elle a peut-être bavardé en route...» Mais la bête hurle maintenant en vous labourant l'omoplate. «Est-ce qu'on rate le tramway dans la vie? Non, on glisse dessous en descendant en marche; on le heurte en voulant traverser. Est-ce qu'on bavarde en route dans la vie? Non! on devient subitement folle, on est enlevée, on s'enfuit...» Heureusement, le garçon est entré me délivrer avec un malheur précis sur le visage. Quand je t'ai vue, en bas, couchée dans cette camionnette, cela s'est arrêté, je n'ai plus eu peur.

EURYDICE

Ils m'avaient mise dans une camionnette?

ORPHÉE

La camionnette de la police. Ils t'avaient étendue sur la banquette du fond, un agent à côté de toi, comme une petite voleuse qu'on arrête.

EURYDICE

J'étais laide?

ORPHÉE

Tu avais seulement un peu de sang sur la tempe. Tu avais l'air de dormir.

EURYDICE

Dormir? Si tu savais comme je courais. Je courais droit devant moi comme une folle.

Elle s'arrête, un petit temps; elle demande.

Tu as dû avoir mal?

ORPHÉE

Oui.

EURYDICE

Je te demande pardon.

ORPHÉE, *sourdement.*

Il ne faut pas.

EURYDICE, *après un temps encore.*

Si l'on m'a rapportée à l'hôtel, c'est parce que je tenais encore une lettre dans la main. Je te l'avais écrite dans le car en attendant qu'on parte. On te l'a donnée?

ORPHÉE

Non. Ils on dû la garder au commissariat.

EURYDICE

Ah!

Elle demande, inquiète soudain.

Tu crois qu'ils vont la lire?

ORPHÉE

C'est possible.

EURYDICE

On ne peut pas, tu crois, les empêcher de la lire? On ne peut pas faire quelque chose tout de suite? Envoyer quelqu'un là-bas, leur téléphoner, leur dire qu'ils n'ont pas le droit?

ORPHÉE

C'est trop tard.

EURYDICE

Mais c'est à toi que je l'avais écrite cette lettre, c'était pour toi ce que je disais. Comment veux-tu qu'il soit possible qu'un autre la lise? Qu'un autre murmure ces mots? Un gros homme avec de sales pensées peut-être, un gros homme laid et content de lui? Il va rire, il va sûrement rire de ma peine... Oh! empêche-le, s'il te plaît, empêche-le de la lire, je t'en supplie! Il me semble que je suis toute nue devant un autre...

ORPHÉE

Ils n'ont peut-être pas décacheté l'enveloppe.

EURYDICE

Mais je ne l'avais pas encore cachetée! j'étais en train de le faire lorsque le camion nous a heurtés. Et c'est sans doute pour cela que le chauffeur m'a regardée dans la glace. Je tirais la langue, cela l'a fait sourire, j'ai souri aussi...

ORPHÉE

Tu as souri aussi. Tu pouvais donc sourire, toi?

EURYDICE

Mais non, je ne pouvais pas sourire, tu ne comprends rien! je venais de t'écrire cette lettre où je te disais que je t'aimais, que j'avais mal mais qu'il fallait que je parte... J'ai tiré la langue pour lécher la colle de l'enveloppe; il a dit une plaisanterie comme ces garçons-là en disent... Tout le monde souriait autour de moi...

Elle s'arrête, découragée.

Ah! ce n'est pas pareil quand on raconte. C'est difficile. Tu vois, tout est trop difficile...

ORPHÉE *commence sourdement.*

Qu'est-ce que tu allais faire dans le car de Toulon?

EURYDICE

Je me sauvais.

ORPHÉE

Tu avais reçu la lettre de Dulac?

EURYDICE

Oui, c'est pour cela que je partais.

ORPHÉE

Pourquoi ne me l'as-tu pas montrée, cette lettre, quand je suis remonté?

EURYDICE

Je ne le pouvais pas.

ORPHÉE

Qu'est-ce qu'il te disait sur cette lettre?

EURYDICE

De le rejoindre au train de huit heures douze, ou que sinon il viendrait me chercher lui-même.

ORPHÉE

Et c'est pour cela que tu as fui?

EURYDICE

Oui. Je ne voulais pas que tu le voies.

ORPHÉE

Tu n'as pas pensé qu'il viendrait et que je le verrais tout de même?

EURYDICE

Si, mais j'étais lâche, je ne voulais pas être là.

ORPHÉE

Tu as été sa maîtresse?

EURYDICE *crie*.

Non! Il te l'a dit? Je savais qu'il allait te le dire et que tu le croirais! Il me poursuit depuis longtemps, il me déteste. Je savais qu'il allait te parler de moi. J'ai eu peur.

ORPHÉE

Pourquoi ne me l'as-tu pas avoué hier, quand je t'ai demandé de tout me dire, que tu avais été aussi la maîtresse de celui-là?

Je ne l'ai pas été.

ORPHÉE

Eurydice, maintenant il vaut mieux tout dire. De toute façon, nous sommes deux pauvres êtres blessés sur cette banquette, deux pauvres êtres qui se parlent sans se voir...

EURYDICE

Qu'est-ce qu'il faut donc que je te dise pour que tu me croies?

ORPHÉE

Je ne sais pas. C'est cela, tu vois, qui est épouvantable... Je ne sais plus comment je pourrais jamais te croire...

Un temps, il demande doucement, humblement.

Eurydice, pour que je puisse être sans inquiétude, après, quand tu me diras les choses les plus simples — si tu es sortie, s'il a fait beau, si tu as chanté, dis moi la vérité maintenant, même si elle est terrible, même si elle doit me faire mal. Elle ne me fera pas plus mal que cet air qui me manque depuis que je sais que tu m'as menti... Si c'est trop difficile à dire, ne réponds pas plutôt, mais ne me mens pas. Est-ce que cet homme a dit vrai?

EURYDICE, *après un temps imperceptible.*

Non. Il a menti.

ORPHÉE

Tu n'as jamais été à lui?

EURYDICE

Non.

Il y a un silence.

ORPHÉE, *sourdement, regardant droit devant lui.*

Si en ce moment tu dis vrai, cela doit être bien facile de le savoir, ton œil est clair comme une flaque d'eau le soir. Si tu mens ou si tu n'es pas sûre de toi, il y a un cercle d'un vert plus sombre qui va se rétrécissant autour de ta pupille...

EURYDICE

Le jour va se lever bientôt, mon chéri, et tu pourras me regarder...

ORPHÉE *crie soudain.*

Oui. Jusqu'au fond de tes yeux, d'un coup, comme dans de l'eau. La tête la première au fond de tes yeux! et que j'y reste, que je m'y noie...

EURYDICE

Oui, mon chéri.

ORPHÉE

Parce qu'à la fin c'est intolérable d'être deux! Deux peaux, deux enveloppes, bien imperméables autour de nous, chacun pour soi avec son oxygène, avec son propre sang quoi qu'on fasse, bien enfermé, bien seul dans son sac de peau. On se serre l'un contre l'autre, on se frotte pour sortir un peu de cette effroyable solitude. Un petit plaisir, une petite illusion, mais on se retrouve bien vite tout seul, avec son foie, sa rate, ses tripes, ses seuls amis.

EURYDICE

Tais-toi!

ORPHÉE

Alors on parle. On a trouvé cela aussi. Ce bruit de l'air dans la gorge et contre les dents. Ce morse sommaire. Deux prisonniers qui tapent contre le mur du fond de leur cellule. Deux prisonniers qui ne se verront jamais. Ah! on est seul, tu ne trouves pas qu'on est trop seul?

EURYDICE

Tiens-toi fort contre moi.

ORPHÉE, *qui la tient.*

Une chaleur, oui. Une autre chaleur que la sienne. Cela, c'est quelque chose d'à peu près sûr. Une résistance aussi, un obstacle. Un obstacle tiède. Allons, il y a quelqu'un. Je ne suis pas tout à fait seul. Il ne faut pas être exigeant!

EURYDICE

Demain, tu pourras te retourner. Tu m'embrasseras.

ORPHÉE

Oui. J'entrerai un moment dans toi. Je croirai pendant une minute que nous sommes deux tiges enlacées sur la même racine. Et puis nous nous séparerons et nous redeviendrons deux. Deux mystères, deux mensonges. Deux.

Il la caresse. Il rêve.

Voilà, il faudrait qu'un jour tu me respires avec ton air, que tu m'avales. Ce serait merveilleux. Je serais tout petit dans toi, j'aurais chaud, je serais bien.

EURYDICE, *doucement.*

Ne parle plus. Ne pense plus. Laisse ta main se promener sur moi. Laisse-la être heureuse toute seule. Tout redeviendrait si simple si tu laissais ta main seule m'aimer. Sans plus rien dire.

ORPHÉE

Tu crois que c'est cela qu'ils appellent le bonheur?

EURYDICE

Oui. Ta main est heureuse, elle, en ce moment. Ta main ne me demande rien que d'être là, docile et chaude sous elle. Ne me demande rien, toi non plus. Nous nous aimons, nous sommes jeunes; nous allons vivre. Accepte d'être heureux, s'il te plaît...

ORPHÉE *se lève.*

Je ne peux pas.

EURYDICE

Accepte si tu m'aimes...

ORPHÉE

Je ne peux pas.

EURYDICE

Tais-toi, alors, au moins.

ORPHÉE

Je ne peux pas, non plus! Tous les mots ne sont pas encore dits. Et il faut que nous disions tous les mots, un par un. Il faut que nous allions jusqu'au bout maintenant de mot en mot. Et il y en a, tu vas voir!

EURYDICE

Mon chéri, tais-toi, je t'en supplie!

ORPHÉE

Tu n'entends pas? C'est un essaim depuis hier autour de nous. Les mots de Dulac, mes mots, tes mots, les mots de l'autre, tous les mots qui nous ont menés là. Et ceux de tous les gens qui nous regardaient comme deux bêtes qu'on emmène, et ceux qu'on n'a pas prononcés encore mais qui sont là, attirés par l'odeur des autres; les plus conventionnels, les plus vulgaires, ceux qu'on déteste le plus. Nous allons les dire; nous allons dûrement les dire. On les dit toujours.

EURYDICE *s'est levée, elle crie.*

Mon chéri!

ORPHÉE

Ah! non, je ne veux plus de mots! assez. Nous sommes poissés de mots depuis hier. Maintenant, il faut que je te regarde.

> EURYDICE *s'est jetée contre lui, elle le tient à bras-le-corps.*

Attends, attends, s'il te plaît. Ce qu'il faut, c'est sortir de la nuit. C'est bientôt le matin. Attends. Tout va redevenir simple. Ils vont nous apporter du café, des tartines...

ORPHÉE

C'est trop long d'attendre le matin. C'est trop long d'attendre d'être vieux...

> EURYDICE *le tient embrassé; la tête dans son dos, elle supplie.*

Oh! s'il te plaît, mon chéri, ne te retourne pas, ne me regarde pas... A quoi bon? Laisse-moi vivre... Tu es terrible, tu sais, terrible comme les anges. Tu crois que tout le monde avance, fort et clair comme toi, en faisant fuir les ombres de chaque côté de la route... Il y en a qui n'ont qu'une toute petite lumière hésitante que le vent gifle. Et les ombres s'allongent, nous poussent, nous tirent, nous font tomber... Oh! s'il te plaît, ne me regarde pas, mon chéri, ne me regarde pas encore... Je ne suis peut-être pas celle que tu voulais que je sois. Celle que tu avais inventée dans le bonheur du premier jour... Mais tu me sens, n'est-ce pas, contre toi? Je suis là, je suis chaude, je suis douce et je t'aime. Je te donnerai tous les bonheurs que je peux te donner. Mais ne me demande pas plus que je ne peux, contente-toi... Ne me regarde pas. Laisse-moi vivre... Dis, je t'en prie... J'ai tellement envie de vivre...

ORPHÉE *crie.*

Vivre, vivre! Comme ta mère et son amant, peut-être, avec des attendrissements, des sourires, des indulgences et puis des bons repas, après lesquels on fait l'amour et tout s'arrange. Ah! non. Je t'aime trop pour vivre!

Il s'est retourné, il la regarde, ils sont l'un en face de l'autre maintenant, séparés par un épouvantable silence. Il demande enfin sourdement.

Il t'a tenue contre lui, ce gros homme? Il t'a touchée avec ses mains pleines de bagues?

EURYDICE

Oui.

ORPHÉE

Depuis quand es-tu sa maîtresse?

EURYDICE *lui répond maintenant avec la même avidité à se déchirer.*

Depuis un an.

ORPHÉE

C'est vrai que tu étais avec lui avant-hier?

EURYDICE

Oui, la veille du jour où je t'ai rencontré, il est venu me chercher le soir après le spectacle. Il m'a fait un chantage. Il me faisait un chantage chaque fois.

DULAC *entre soudain.*

Avoue que ce jour-là tu m'as suivi de bon cœur, petite menteuse.

EURYDICE *s'arrache des bras d'Orphée, court à lui.*

De bon cœur? de bon cœur? Je crachais chaque fois que tu m'embrassais.

DULAC, *tranquillement.*

Oui, ma colombe.

EURYDICE

Dès que tu m'avais lâchée, je me sauvais, je me mettais toute nue dans ma chambre, je me lavais, je me changeais de tout. Tu ne l'as jamais su, cela?

DULAC, *à Orphée.*

Quelle folle!

EURYDICE

Tu peux rire, je te connais, tu ris jaune.

ORPHÉE

Pourquoi tutoies-tu cet homme?

EURYDICE *crie, sincère.*

Mais je ne le tutoie pas!

DULAC *ricane, à Orphée.*

Vous voyez? et le reste est à l'avenant, jeune homme! Je vous dis que vous vous égarez.

EURYDICE

Ne prends pas tes airs de matamore, ne fais pas celui qui est le plus fort...

A Orphée.

Pardon, mon chéri, mais tout le monde se dit «tu» au théâtre. Vincent le tutoie, maman le tutoie; c'est pour cela que je te dis que je ne le tutoie pas. Je ne le tutoie pas parce que j'ai été sa maîtresse. Je le tutoie parce que tout le monde le tutoie.

Elle s'arrête, découragée.

Ah! que c'est difficile, que c'est difficile de toujours expliquer tout!...

ORPHÉE

Il faut pourtant que tu expliques tout maintenant. Tu as dit qu'il t'avait fait un chantage ce soir-là comme tous les soirs. Quel chantage?

EURYDICE

Toujours le même.

DULAC

Tu vas nous raconter maintenant que tu y as cru pendant un an à ce chantage, petite menteuse?

EURYDICE

Tu vois, tu l'avoues toi-même que tu me l'as fait pendant un an!

DULAC

Ne fais pas la bête, Eurydice, tu ne l'es pas. Je te demande si, «toi», tu y as cru pendant un an à ce chantage?

EURYDICE

Pourquoi le faisais-tu donc chaque fois, si tu pensais que je n'y croyais pas?

DULAC

C'était devenu une formalité, cette menace. Je la faisais pour qu'à tes yeux de sale petite orgueilleuse tu aies une raison qui t'oblige à me suivre sans t'avouer ton plaisir. On n'est pas plus galant, hein, avec les dames?

EURYDICE

Comment, quand tu venais me menacer, tu n'y croyais pas, toi, à ce chantage? Tu me trompais chaque fois? Tu m'entraînais chaque fois et ce n'était pas vrai, tu ne l'aurais pas renvoyé vraiment?

DULAC

Mais non, petite dinde.

ORPHÉE

De quoi venait-il te menacer?

Le petit régisseur apparaît, souffreteux, maladroit. Il enlève son petit chapeau avant de parler.

LE PETIT RÉGISSEUR

Il la menaçait de me renvoyer, Monsieur, chaque fois, de ma place de régisseur.

DULAC *explose en le voyant.*

C'est un crétin! Il perd toujours tout! Je ne veux pas d'un crétin pareil dans ma troupe!

EURYDICE

Tu comprends, mon chéri, ce petit, il est tout seul avec son frère qui a dix ans; ils n'ont que ce qu'il gagne pour vivre... Et puis c'est trop injuste, tout le monde le déteste et ne pense qu'à le faire renvoyer.

LE PETIT RÉGISSEUR

Vos comprenez, Monsieur, il faut que je m'occupe de toutes les malles, de tous les décors, et je suis tout seul.

Il tombe assis sur une banquette en pleurant.

Je n'y arriverai jamais! Je n'y arriverai jamais!

DULAC

C'est un abruti, je vous dis que c'est un abruti!

EURYDICE

C'est toi qui l'abrutis à toujours crier dans ses oreilles. Je suis sûre que si on lui parlait doucement, il comprendrait. Ecoute-moi, petit Louis...

LE PETIT RÉGISSEUR

Oui, je t'écoute, Eurydice...

EURYDICE, *à Orphée.*

Tu vois, à lui aussi, je lui dis «tu». Tout le monde se dit «tu».

Elle revient au petit.

Ecoute, petit Louis, c'est pourtant bien simple. Tu arrives à la gare de correspondance. Tu descends vite du train. Tu cours au fourgon. Tu as pris soin de monter en queue pour arriver dès qu'ils commencent à décharger. Tu comptes les malles pour être sûr que les employés n'en oublient pas une...

LE PETIT RÉGISSEUR

Oui, mais les autres sont pressés d'aller en ville. Ils m'apportent déjà leurs valises...

EURYDICE

Tu dois leur dire d'attendre. Que tu t'occupes d'abord des malles.

LE PETIT RÉGISSEUR

Oui, mais ils posent leurs valises à côté de moi sur le quai en me disant de faire attention et ils s'en vont. Et le quai est plein de monde qui passe...

EURYDICE

Il ne faut pas les laisser s'en aller! il faut leur courir après!

LE PETIT RÉGISSEUR

Mais alors je ne vois plus les malles si je leur cours après! Oh! je n'y arriverai jamais; je te dis que je n'y arriverai jamais! Il vaut mieux me laisser...

DULAC

C'est un idiot! je vous dis que c'est un idiot! Cette fois c'est décidé. C'est vu. C'est réglé. Je le débarque à Châtellerault!

EURYDICE

Mais ne crie pas toujours, toi! Si tu cries, comment veux-tu qu'il comprenne?

DULAC

Il ne comprendra jamais! Je te dis que c'est un minus! A Châtellerault, tu passes à la caisse, bougre d'âne!

LE PETIT RÉGISSEUR

Monsieur Dulac, si vous me renvoyez je ne sais plus où aller. On est perdu tous les deux, avec mon petit frère... Je vous jure que je ferai attention, Monsieur Dulac!

DULAC

A la caisse! à la caisse! j'ai dit!

EURYDICE

Je l'aiderai! Je te promets que je m'arrangerai pour qu'il ne perde jamais plus rien...

DULAC

On les connaît, les promesses! Non, non, c'est une andouille. Saqué, débarqué! je n'en veux plus!

EURYDICE *s'est accrochée à lui, suppliante.*

Je te jure qu'il fera attention. Dis, Dulac, je te le jure...

DULAC *la regarde.*

Oh! tu jures toujours, toi, mais tu ne tiens pas souvent.

EURYDICE, *plus bas.*

Si...

DULAC *s'approche et à mi-voix.*

Si je le garde encore une fois, tu seras gentille?

EURYDICE *baisse les yeux.*

Oui.

Elle revient à Orphée.

Et voilà comment cela se passait chaque fois...[21] Pardon, mon chéri! j'étais lâche, mais je te t'aimais pas encore. Je n'aimais personne. Et il n'y avait que moi qui pouvais le défendre.

Un temps, elle murmure.

Je sais bien que tu ne vas plus pouvoir me regarder maintenant...

ORPHÉE, *qui a reculé, sourdement.*

Je te verrai toujours avec les mains de cet homme sur toi. Je te verrai toujours comme il t'a décrite dans cette chambre.

EURYDICE, *humblement.*

Oui, mon chéri.

ORPHÉE

Il n'était même pas jaloux en venant te rechercher. Il ricanait: « Une fille comme Eurydice, il faut qu'on lui passe ses petits caprices. »

EURYDICE *recule un peu.*

Il t'a dit cela?

ORPHÉE

Comment est-elle la vôtre? On la sort du lit le matin, on l'arrache à ses romans policiers, à ses cigarettes? Il savait même que tu étais lâche. Que s'il venait te reprendre, tu ne resterais pas avec moi. Parce que tu es lâche, n'est-ce pas? Il te connaît mieux que moi?

EURYDICE

Oui, mon chéri.

ORPHÉE

Mais défends-toi, au moins! pourquoi ne te défends-tu pas?

EURYDICE, *qui recule.*

Comment veux-tu que je me défende? En te mentant? Je suis désordonnée, c'est vrai, je suis paresseuse, je suis lâche...

LE PETIT RÉGISSEUR *crie soudain.*

Ce n'est pas vrai!

EURYDICE

Qu'est-ce que tu en sais, toi, petit Louis?

LE PETIT RÉGISSEUR

Tu n'étais pas lâche quand tu me défendais contre eux tous. Je le sais, moi. Tu n'étais pas paresseuse quand tu te levais à six heures pour venir m'aider en cachette en attendant que les autres descendent...

DULAC *tombe des nues.*

Comment? Tu te levais le matin, pour aider ce petit imbécile à expédier les malles?

EURYDICE

Oui, Dulac.

LE PETIT RÉGISSEUR

Et elle qui ne retrouve jamais rien, qui gâche tout, c'est elle qui classait mes bulletins, qui m'empêchait de me tromper...

DULAC

On aura tout vu!

ORPHÉE

Mais si ce petit dit vrai, parle! Défends-toi mieux.

EURYDICE, *doucement.*

Il dit vrai, mais aussi Dulac dit vrai. C'est trop difficile.

Tous les personnages de la pièce sont entrés pendant qu'il parlait. Ils sont massés dans l'ombre au fond de la scène derrière Eurydice.

ORPHÉE

C'est vrai. C'est trop difficile; tous les gens qui t'ont connue sont autour de toi; toutes les mains qui t'ont touchée sont là, qui rampent sur toi. Et tous les mots que tu as dits sont sur tes lèvres...

EURYDICE *recule encore un peu avec un pauvre sourire.*

Alors, tu vois, il vaut mieux que je demeure.

LE CHAUFFEUR *se détache du groupe et s'avance*

Vous ne comprenez donc pas qu'elle est fatiguée, cette petite? Et puis qu'elle a honte de se défendre à la longue? Moi, je suis chasseur, eh bien, il y a des petites bêtes comme cela, on les a par la lassitude, par le dégoût. Elles se retournent vers les chiens, elles laissent faire. C'est comme cette histoire dans le car où je l'entends qui s'embrouille depuis un moment...

ORPHÉE

Qui êtes-vous, vous?

EURYDICE

C'est le chauffeur du car, mon chéri. Vous êtes gentil d'être venu, Monsieur.

LE CHAUFFEUR

Il se figure que vous m'avez souri. D'abord, est-ce que j'ai une tête à ce qu'elle me fasse des sourires, cette petite? Il se figure que vous êtes partie avec le sourire. Et de là à croire que vous ne l'aimez pas, il n'y a qu'un pas dans l'état où il est. Eh bien, j'étais là, moi. Je l'ai vue.

LE PETIT RÉGISSEUR

Oh! je suis content, il va te défendre. Vous allez lui dire, n'est-ce pas, Monsieur!

LE CHAUFFEUR

Bien sûr, que je vais lui dire! Je suis là pour ça!

ORPHÉE

Qu'est-ce que vous voulez me dire?

LE CHAUFFEUR

Pourquoi elle a souri. Je la surveillais depuis un moment du coin de l'œil... Elle écrivait avec un petit crayon dans un coin en attendant le départ... Elle écrivait, elle écrivait et elle pleurait en même temps. Quand elle a eu fini d'écrire, elle s'est séché les yeux avec son petit bout de mouchoir roulé en boule, et elle a tiré la langue pour fermer l'enveloppe... Alors moi, pour dire quelque chose, je lui ai dit: «J'espère qu'il en vaut la peine, au moins, celui-là à qui vous écrivez!»

EURYDICE

Alors j'ai souri parce que j'ai pensé à toi, mon chéri.

LE CHAUFFEUR

Voilà.

Il y a un silence. Orphée relève la tête, il regarde Eurydice qui se tient devant lui tout humble.

ORPHÉE

Si tu m'aimais pourquoi partais-tu?

EURYDICE

Je pensais que je n'y arriverais jamais...

ORPHÉE

A quoi?

EURYDICE

A te faire comprendre.

Ils sont l'un en face de l'autre, muets.

LA MÈRE *s'exclame soudain.*

Moi, ce que je ne comprends pas, c'est que tout leur paraisse si triste à ces enfants! Enfin, mon gros chat, nous aussi, nous avons été des amants passionnés, est-ce que cela nous a rendus tristes?

VINCENT

Mais pas du tout! pas du tout! d'abord, moi, je l'ai toujours dit: un peu d'amour, un peu d'argent, un peu de succès, la vie est belle!

LA MÈRE

Un peu d'amour? Beaucoup d'amour! cette gamine se figure qu'elle a tout inventé avec son petit violoniste. Nous aussi, nous nous sommes adorés. Nous aussi nous avons voulu nous tuer l'un pour l'autre. Tu te souviens à Biarritz en 1913 quand j'ai voulu me jeter du haut du rocher de la Vierge?

VINCENT

Heureusement que je t'ai retenue par ta cape, mon aimée!

LA MÈRE *pousse un petit cri à ce souvenir; elle se met à expliquer à Orphée.*

C'était délicieux. On portait cette année-là de toutes petites capes gansées de soie, du même drap que la jaquette. Pourquoi est-ce que j'avais voulu me tuer cette fois-là?

VINCENT

C'était parce que la princesse Bosco m'avait retenu toute la nuit à réciter des vers chez elle...

LA MÈRE

Mais non! la princesse Bosco c'est quand j'ai voulu avaler du vinaigre. Je m'étais trompée de bouteille. C'était du vin. J'ai fait une grimace!

VINCENT

Ah! nous sommes bêtes! c'était le jour du professeur de patin!

LA MÈRE

Mais non, l'histoire avec le professeur de patin, c'est pendant la guerre, à Lausanne. Non. Non. Le jour du rocher de la Vierge, c'était toi qui m'avais trompée, j'en suis bien sûre. D'ailleurs, le détail précis n'y ferait rien. Ce qui reste, c'est que nous aussi nous nous sommes aimés passionnément, à en mourir... Eh bien, est-ce que nous en sommes morts?

EURYDICE, *qui recule.*

Non, maman.

LA MÈRE

Tu vois, pauvre idiote, si tu avais écouté ta mère! mais tu ne m'écoutes jamais...

EURYDICE *l'écarte.*

Laisse maintenant, maman, nous n'avons plus le temps...

A Orphée qui la regarde s'éloigner, immobile.

Tu vois, mon chéri, il ne faut pas trop nous plaindre... Tu avais raison, en voulant être heureux, nous serions peut-être devenus comme eux... Quelle horreur!

LA MÈRE

Comment, quelle horreur?

VINCENT

Pourquoi quelle horreur?

ORPHÉE

Pourquoi ne m'as-tu pas tout avoué le premier jour? le premier jour j'aurais peut-être pu comprendre...

EURYDICE

Tu crois que c'est parce que j'étais lâche? Eh bien, ce n'était pas parce que j'étais lâche...

ORPHÉE

Pourquoi, alors, pourquoi?

EURYDICE

C'est trop difficile, mon chéri, je m'embrouillerais encore. Et puis, je n'ai plus le temps. Je te demande pardon. Ne bouge pas...

Elle recule encore, s'arrête devant un personnage.

Oh! c'est vous la belle caissière, c'est vous qui ne disiez jamais rien. J'ai toujours pensé que vous aviez quelque chose à nous dire.

LA CAISSIÈRE

Comme vous étiez beaux tous les deux quand vous vous êtes avancés l'un vers l'autre dans cette musique! Vous étiez beaux, innocents et terribles, comme pour l'amour...

EURYDICE *lui sourit et recule encore un peu.*

Merci, Madame.

Elle s'arrête devant un autre personnage.

Tiens, le garçon de la Comédie-Française. Notre premier personnage. Bonjour!

LE GARÇON, *avec un geste trop noble.*

Adieu, Mademoiselle!

EURYDICE *sourit malgré elle.*

Vous êtes très noble, très charmant, vous savez. Bonjour, bonjour...

Elle va reculer encore. Elle s'arrête devant un jeune homme en noir qu'elle toise, étonnée.

Mais qui êtes-vous, Monsieur? Vous devez faire erreur, je ne me souviens pas de vous.

LE JEUNE HOMME

Je suis le secrétaire du commissaire de police, Mademoiselle. Vous ne m'avez jamais vu.

EURYDICE

Ah! c'est vous alors qui avez ma lettre. Rendez-la-moi, s'il vous plaît, Monsieur. Rendez-la-moi...

LE JEUNE HOMME

Cela m'est impossible, Mademoiselle.

EURYDICE

Je ne veux pas que ce gros homme, sale et content de lui, la lise!

LE JEUNE HOMME

Je puis vous promettre que Monsieur le commissaire ne la lira pas, Mademoiselle. Moi aussi, j'ai senti qu'il était impossible qu'un homme comme Monsieur le commissaire lise cette lettre. Je l'ai enlevée du dossier. L'affaire est classée, personne ne s'en apercevra jamais. Je l'ai là. Je la relis tous les jours... Mais moi, ce n'est pas la même chose...

Il salue, noble et triste, tire la lettre de sa poche et après avoir mis ses lorgnons, il commence à lire en marchant, de sa voix un peu terne.

«Mon chéri, je suis dans ce car et tu m'attends dans la chambre et, moi, je sais que je ne vais pas revenir. Et j'ai beau penser que, toi, tu ne le sais pas encore, je suis triste, je suis triste pour toi. Il aurait fallu que je puisse prendre seule toute la peine. Mais comment? On a beau être plein de peine, si plein qu'il faut se mordre les lèvres pour qu'elle ne sorte pas de sa bouche dans une plainte, si plein que les larmes sortent toutes seules des yeux — on n'a jamais pris toute la peine; il en reste toujours assez pour deux. Les gens me regardent dans cet autocar. Ils croient que c'est triste à cause de mes larmes. Je déteste les larmes. Elles sont trop bêtes. On pleure aussi quand on se cogne ou quand on épluche un oignon. On pleure quand on est vexé ou quand on a une autre peine. Pour ma peine de maintenant, j'aurais voulu ne pas pleurer. Je suis bien trop triste pour pleurer.

Il assure sa voix, tourne la page et continue.

«Je m'en vais, mon chéri. Depuis hier déjà j'avais peur et en dormant, tu l'as entendu, je disais déjà «c'est difficile». Tu me voyais si belle, mon chéri. Je veux dire belle moralement, car je sais bien que physiquement tu ne m'as jamais trouvée très, très belle. Tu me voyais si forte, si pure, tout à fait ta petite sœur... Je n'y serais jamais arrivée. Surtout maintenant que l'autre va venir. Il m'a fait porter une lettre. Un autre dont je ne t'avais pas parlé et qui a été aussi mon amant. Ne crois pas que je l'aie aimé, celui-là; tu le verras, on ne peut pas l'aimer. Ne crois pas non plus que je lui aie cédé parce que j'ai eu peur de lui, comme il te le dira peut-être. Tu ne pourras pas comprendre, je le sais bien. Mais je me sentais si forte, et puis aussi je m'estimais si peu. Je ne t'aimais pas, mon chéri; voilà tout le secret. Je ne t'aimais pas. Je ne savais pas. La pudeur des filles comme il faut me faisait bien rire. Cette façon de garder quelque chose par orgueil ou pour un acquéreur de choix, c'est si laid... Depuis hier, mon chéri, je suis plus prude qu'elles. Depuis hier je rougis si on me regarde, je tremble si on me frôle. Je pleure qu'on ait osé me désirer... C'est pour cela que je m'en vais, mon chéri, toute seule... Pas seulement parce que j'ai peur qu'il te dise comme il m'a connue, pas seulement parce que j'ai peur que tu te mettes à ne plus m'aimer... Je ne sais pas si tu comprendras bien, je m'en vais parce que je suis toute rouge de honte. Je m'en vais, mon capitaine, et je vous quitte précisément parce que vous m'avez appris que j'étais un bon petit soldat...»

Pendant toute cette lettre Eurydice a reculé. Elle est tout à fait du décor maintenant.

ORPHÉE

Pardon, Eurydice.

EURYDICE, *gentiment, du fond.*

Il ne faut pas, mon chéri: c'est moi qui te demande pardon.

Aux autres.

Excusez-moi, je dois partir.

ORPHÉE *crie.*

Eurydice!

Il court comme un fou au fond, elle a disparu. Tous les autres personnages se sont évanouis aussi; Orphée reste seul. Il ne bouge pas. Le matin se lève. Un sifflement de train au loin. Un grelottement de timbre. Quand la lumière du jour est presque réelle, le garçon entre, l'air bien vivant.

LE GARÇON

Bonjour, Monsieur. Il ne fait pas chaud ce matin. Je vous sers quelque chose?

ORPHÉE *tombe, assis.*

Oui. Ce que vous voudrez. Un café.

LE GARÇON

Bien, Monsieur.

Il commence à enlever les chaises des tables. La caissière entre et va à sa caisse, fredonnant une chanson sentimentale d'avant-guerre. Un voyageur passe sur le quai, hésitant, puis entre timidement. Il est surchargé de valises, d'instruments de musique. C'est le père d'Orphée.

LE PÈRE

Tu es là, fiston? Je n'ai pas pris le train de Palavas, tu sais. Complet. Archicomplet, mon cher. Et ces animaux-là voulaient me faire payer un supplément de seconde. Je suis redescendu. Je me plaindrai à la compagnie. Un voyageur a droit à des places assises en toutes classes. Ils auraient dû me déclasser gratis. Tu bois un café?

ORPHÉE, *qui semble ne pas le voir.*

Oui.

LE PÈRE *s'installe près de lui.*

J'en prendrais bien un. J'ai passé la nuit dans la salle d'attente. Il ne faisait pas chaud.

Il lui glisse à l'oreille.

A te dire vrai, je me suis glissé dans celle des premières. Une excellente banquette de cuir, mon cher, j'ai dormi comme un prince.

Il voit la caissière, la lorgne; elle détourne le regard, lui aussi.

Tu vois, à la lumière du jour elle perd beaucoup, cette femme. Elle a de beaux nichons, mais elle a l'air extrêmement vulgaire... Alors, qu'est-ce que tu as décidé, fiston? La nuit porte conseil. Tu viens tout de même avec moi?

ORPHÉE

Oui, papa.

LE PÈRE

Je savais bien que tu n'abandonnerais pas ton vieux père! Nous allons nous payer pour fêter cela un bon petit déjeuner à Perpignan. Figure-toi, mon cher, que je connais là-bas un petit prix fixe à quinze francs soixante-quinze, vin compris, café et pousse-café. Oui, mon cher, une excellente fine! Et si tu mets quatre francs de supplément, tu as du homard à la place du hors-d'œuvre. La belle vie, quoi, fiston, la belle vie...

ORPHÉE

Oui, papa.

Le rideau est tombé[22]

QUATRIÈME ACTE

La chambre d'hôtel. Orphée, à demi étendu sur le lit. M. Henri debout, appuyé au mur près de lui. Se carrant dans l'unique fauteuil, le père. Il fume un énorme cigare.

LE PÈRE, *à M. Henri*

C'est un «merveillitas[23]»?

M. HENRI

Oui.

LE PÈRE

Cela doit valoir quelque chose, un cigare comme ça!

M. HENRI

Oui.

LE PÈRE

Et vous, vous ne fumez pas?

M. HENRI

Non.

LE PÈRE

Je ne comprends pas comment, ne fumant pas, vous avez des cigares de ce prix-là sur vous. Vous êtes voyageur de commerce, peut-être?

M. HENRI

C'est cela.

LE PÈRE

De grosses affaires, probablement?

M. HENRI

Oui.

LE PÈRE

Alors, je comprends. Il faut pouvoir amadouer le client. On sort au bon moment un «merveillitas» de sa poche. Vous fumez? L'autre dit oui, trop heureux. Et, hop! le tour est joué. Il n'y a plus qu'à déduire le prix du «merveillitas» du prix de vente auquel on l'avait d'ailleurs ajouté. Vous êtes tous des farceurs! Moi j'aurais adoré faire des affaires. Pas toi, fiston?

Orphée ne répond pas. Il le regarde.

Il faut te secouer, mon petit, il faut te secouer. Tenez, offrez-lui donc un «merveillitas». Si tu ne le finis pas, je le finirai. Quand je suis triste, moi, un bon cigare...

Ni Orphée ni M. Henri ne soulignent cette nouvelle remarque. Le père soupire et ajoute plus timidement.

Enfin, chacun ses goûts.

Il se remet à fumer modestement avec des coups d'œil aux deux hommes silencieux.

M. HENRI, *doucement après un temps.*

Il faut te lever, Orphée.

LE PÈRE

N'est-ce pas? Je me tue à le lui dire...

ORPHÉE

Non.

LE PÈRE

Seulement, il n'écoute jamais son père.

M. HENRI

Il faut te lever et reprendre la vie où tu l'as laissée, Orphée...

LE PÈRE

On nous attend justement à Perpignan.

ORPHÉE *se dresse à demi et lui crie.*

Tais-toi!

LE PÈRE *se fait tout petit.*

Je dis qu'on nous attend à Perpignan. Je ne dis rien de mal.

ORPHÉE

Je ne retournerai jamais avec toi!

M. HENRI, *doucement.*

Ta vie est pourtant là qui t'attend comme une vieille veste qu'il faut remettre le matin.

ORPHÉE

Hé bien, je ne la remettrai pas.

M. HENRI

En as-tu une autre?

Orphée ne répond pas. Le père fume.

Pourquoi ne retournerais-tu pas avec lui? Moi, je le trouve charmant, ton père!

LE PÈRE

Je ne le lui fais pas dire...

M. HENRI

Et puis, tu le connais. C'est énorme, cela. Tu peux lui dire de se taire, marcher à côté de lui sans parler. Imagines-tu le supplice qui te guette sans lui? Le compagnon de table qui te confie ses goûts, la vieille dame qui te questionne avec un affectueux intérêt? La moindre fille rencontrée dans la rue exige aussi qu'on parle d'elle. Si tu ne veux pas payer ton tribut de paroles inutiles, tu seras épouvantablement seul.

ORPHÉE

Je serai seul. J'ai l'habitude.

M. HENRI

Je te mets en garde contre ce mot. Je serai seul. Cela évoque tout de suite une ombre, une fraîcheur, un repos. Quelle erreur grossière! Tu ne seras pas seul, on n'est jamais seul. On est avec soi, c'est autre chose, tu le sais bien... Reprends donc ta vie avec ton père. Il te fera chaque jour ses remarques sur la dureté des temps, sur les menus des prix fixes. Cela t'occupera. Tu seras plus seul que tout seul.

LE PÈRE, *perdu dans son cigare.*

En fait de prix fixe, j'en connais justement un petit à Perpignan, le «Restaurant Bouillon Jeanne-Hachette».[24] Vous connaissez peut-être? Il est très fréquenté par vos confrères.

M. HENRI

Non.

LE PÈRE

Vous avez là, pour quinze francs soixante-quinze vin compris: hors-d'œuvre (ou homard avec quatre francs de supplément), plat de viande garni (très copieux), légume, fromage, dessert, fruit ou pâtisserie — attendez, attendez — café et pousse-café, cognac ou, pour les dames, liqueur douce. Tenez, le petit menu du «Jeanne-Hachette» avec un bon cigare, comme ça!... Je regrette presque de l'avoir fumé tout de suite.

Sa remarque n'a pas le résultat escompté, il soupire.

Enfin! Tu viens à Perpignan, fiston, c'est moi qui t'invite?

ORPHÉE

Non, papa.

LE PÈRE

Tu as tort, fiston, tu as tort.

M. HENRI

C'est vrai, Orphée. Tu as tort. Tu devrais écouter ton père. C'est au «Restaurant Bouillon Jeanne-Hachette» que tu oublieras le mieux Eurydice.

LE PÈRE

Oh! je ne dis pas qu'on y fait des orgies. Mais enfin on y mange bien.

M. HENRI

Le seul endroit au monde où le fantôme d'Eurydice n'est pas, c'est au «Restaurant Bouillon Jeanne-Hachette» à Perpignan. Tu devrais y courir, Orphée.

ORPHÉE

Vous croyez donc que j'ai envie de l'oublier?

M. HENRI *lui tape sur l'épaule.*

Il le faut, mon vieux. Le plus vite possible. Tu as été un héros pendant un jour. Tu as épuisé en ces quelques heures ta part de pathétique pour la vie. C'est fini, maintenant, tu es tranquille. Oublie, Orphée, oublie jusqu'au nom d'Eurydice. Prends ton père par le bras, retourne vers ses restaurants. La vie peut reprendre pour toi son visage rassurant; la mort, son pourcentage habituel de chances; le désespoir, sa forme supportable. Allons, lève-toi, suis ton père. Tu as encore une belle carrière de vivant devant toi.

Il a dit cela plus âprement, penché sur Orphée. Celui-ci lève la tête et le regarde.

LE PÈRE, *après un temps, dans son cigare.*

Tu sais, j'ai aimé, moi aussi, fiston.

M. HENRI

Tu vois, lui aussi, il a aimé. Regarde-le.

LE PÈRE

C'est vrai, regarde-moi. Je sais que c'est triste, j'ai souffert moi aussi. Je ne te parle même pas de ta mère; quand elle est morte, il y avait beau temps que nous ne nous aimions plus. J'ai perdu une femme que j'ai adorée. Une Toulousaine, une créature de feu. Emportée en huit jours. Les bronches. Je sanglotais comme une bête en suivant le convoi. On a dû me faire entrer dans un café. Regarde-moi.

M. HENRI, *doucement.*

C'est vrai. Regarde-le.

LE PÈRE

Je ne dis pas que quand je vais m'asseoir par hasard au «Grand Comptoir Toulousain», où nous fréquentions ensemble, je n'ai pas un petit serrement de cœur en dépliant ma serviette. Mais baste! La vie est là. Qu'est-ce que tu veux? Il faut bien la vivre!

Il tire rêveusement une bouffée de son cigare; il a un soupir, il murmure.

Ce «Grand Comptoir Toulousain» tout de même... quand j'y allais avec elle, avant la guerre, songe qu'on y mangeait pour un franc soixante-quinze!

M. HENRI, *penché sur Orphée.*

La vie est là. La vie est là, Orphée. Ecoute ton père.

LE PÈRE, *à qui les paroles de M. Henri donnent de l'importance.*

Je vais même être dur, mon petit, et tu vas t'indigner, mais je suis plus endurci que toi et quand tu auras mon âge tu reconnaîtras que j'avais raison. On a mal, d'abord. C'est entendu. Mais bientôt, tu verras, on ressent malgré soi une douceur nouvelle... Un beau matin, moi cela m'a pris un matin, on se lave, on noue sa cravate, il fait soleil, vous voilà dans la rue et, tout d'un coup, pff! on s'aperçoit que les femmes sont redevenues jolies. Nous sommes terribles, mon cher, tous les mêmes: des coquins.

M. HENRI

Ecoute bien, Orphée...

LE PÈRE

Je ne dis pas qu'on fait le flambard avec la première. Non. On n'est tout de même pas des brutes et aux premiers mots cela fait drôle. C'est même curieux, on ne peut pas faire autrement que de commencer par lui parler de l'autre. On lui dit comme on se trouve seul, désemparé. Et c'est vrai après tout! On est sincère. Ah! tu ne peux pas te figurer, mon cher, comme ce genre de récit peut attendrir les femmes! C'est bien simple, vous allez me dire que je suis un corsaire. Je me servais encore du truc dix ans plus tard.

ORPHÉE

Tais-toi, papa.

M. HENRI

Pourquoi veux-tu le faire taire? Il te parle comme la vie te parlera par toutes les bouches; il te dit ce que tu liras demain dans tous les yeux si tu te lèves et si tu essaies de vivre...

LE PÈRE, *qui est déchaîné maintenant.*

La vie! Mais la vie est magnifique, mon cher...

M. HENRI

Ecoute bien.

LE PÈRE

Tu ne dois tout de même pas oublier que tu es un gamin sans expérience et que l'homme qui te parle en ce moment a vécu et diablement vécu. Nous étions terribles au Conservatoire de Niort![25] Des lurons! La jeunesse dorée. Toujours la canne à la main et la pipe au bec, en train de faire quelque escapade. Dans ce temps-là je n'avais pas encore songé à la harpe. J'étudiais le basson et le cor anglais. Je faisais tous les soirs sept kilomètres à pied pour aller en jouer sous les fenêtres d'une femme. Ah! nous étions des gaillards, des forcenés, des excentriques. Rien ne nous faisait reculer. Une fois, à la classe de bois, nous avions défié les cuivres. Nous avions parié de boire trente demis. Ah! ce que nous avons pu vomir! Nous étions jeunes, quoi, nous étions gais. Nous avions compris la vie, nous autres!

M. HENRI

Tu vois, Orphée.

LE PÈRE

Quand on a la santé, le muscle, l'étincelle, mais, mon ami, il n'y a qu'à aller tout droit devant soi. Je ne te comprends pas, mon cher. D'abord, la bonne humeur. Et la bonne humeur, c'est une question d'équilibre. Un seul secret: la gymnastique quotidienne. Si je suis dans la forme où vous me voyez, c'est que je n'ai jamais cessé de faire de la gymnastique. Dix minutes tous les matins. On ne te demande pas davantage, mais dix minutes qui comptent.

Il se lève et, le reste de son cigare au bec, il commence des mouvements de gymnastique suédoise ridicules.

Un, deux, trois, quatre; un, deux, trois, quatre; respirez à fond. Une, deux, trois, quatre, cinq. Une, deux, trois, quatre, cinq. Une, deux. Une deux. Une, deux. Une, deux. Une, deux. Avec cela jamais de ventre, jamais de varices. La santé par la gaîté, la gaîté par la santé et vice versa. Une, deux, trois, quatre. Respirez à fond. Une, deux, trois, quatre. Voilà tout mon secret.

M. HENRI

Tu vois, Orphée, c'est pourtant simple!

LE PÈRE, *qui s'est assis, soufflant comme un phoque.*

C'est une question de volonté. Tout dans la vie est une question de volonté. Moi, ce qui m'a permis de sortir des pas les plus difficiles, c'est ma volonté. Volonté de fer! Mais, bien entendu, il y a la manière... J'ai toujours passé pour un homme extrêmement aimable. Du velours, mais dessous de l'acier. Je filais droit. Je ne connaissais pas d'obstacles. Une ambition démesurée. L'or, la puissance. Mais, attention! j'avais une forte préparation technique. Premier prix de basson du Conservatoire de Niort. Deuxième prix de cor anglais, deuxième accessit d'harmonie. Je pouvais aller, j'avais un bagage. Moi, voyez-vous, cher Monsieur, j'aime que la jeunesse soit ambitieuse! Enfin quoi, sacrebleu, cela te déplairait donc tant d'être millionnaire?

M. HENRI

Réponds à ton père, Orphée...

LE PÈRE

Ah! l'argent, l'argent! mais c'est toute la vie, mon cher! Tu as du chagrin, mais tu es jeune. Songe que tu peux devenir riche. Le luxe, l'élégance, la table, les femmes. Songe aux femmes, fiston, songe à l'amour! Les brunes, les blondes, les rousses, les teintes. Quelle diversité, quel choix! Et c'est pour toi. Tu es le sultan, tu te promènes, tu lèves le doigt. Celle-là! Tu es riche, tu es jeune, tu es beau, elle accourt. Et alors ce sont les nuits folles... La passion, les cris, les morsures, les baisers fous, l'ombre chaude, quelque chose d'espagnol. Ou bien sur les divans des boudoirs clos, de cinq à sept, dans les fourrures claires, les jeux d'un feu de bois sur la nudité d'une enfant blonde et perverse, et d'autres jeux souriants et acides. Je n'ai pas besoin de t'en dire davantage, mon cher! Les sensations. Toutes les sensations. Une vie de sensations. Où est ton chagrin? fumée.

Il a un geste, il devient grave.

Mais toute la vie n'est pas là. Il y a la respectabilité, la vie sociale. Tu es fort, puissant, chef d'industrie. Tu as abandonné la musique... Le masque dur, impénétrable... Les conseils d'administration, entre fins renards, où se joue le sort de l'économie européenne. (Mais tu les roules tous.) Et puis la grève, les ouvriers armés, la violence. Tu parais seul devant la porte de l'usine. Un coup de feu part et te rate. Toi, tu ne bronches pas. D'une voix martelée, tu leur parles. Ils attendaient de toi des promesses, une reculade. Ils ne te connaissaient pas. Tu es terrible. Tu les fouailles. Ils baissent la tête, ils reprennent le travail. Vaincus! C'est magnifique... Alors, conseillé par tes meilleurs amis, tu fais de la politique. Honoré, puissant, décoré, sénateur. Toujours debout sur la brèche. Grande figure de grand Français. Des obsèques nationales, des fleurs, énormément de fleurs, les tambours voilés, les discours. Et moi, modeste dans un coin — on a tenu à ce que j'assiste à la cérémonie — un beau vieillard, hé oui, mon cher, j'aurais blanchi! mais maîtrisant tout de même mon chagrin, au garde-à-vous.

Il déclame.

«Rendons un hommage ému à la douleur d'un père...!»

C'est trop beau, il éclate.

Ah! mon ami, mon ami, mais c'est magnifique la vie!...

M. HENRI

Tu vois, Orphée.

LE PÈRE

Et l'homme qui te parle a souffert! Il a bu tous les calices. Il s'est tu souvent, ses dents mordant sa lèvre jusqu'à ce que le sang jaillisse, pour ne pas crier. Ses compagnons de fête ne se sont pas doutés de la torture qu'il subissait parfois, et pourtant... La trahison, le mépris, l'injustice... Tu t'étonnes quelquefois de ma taille fléchie, de mes cheveux précocement blanchis, enfant? Si tu savais le poids d'une vie sur les épaules d'un homme...

Il tire vainement sur son mégot; il le regarde, vexé, et le jette avec un soupir. M. Henri va à lui et lui tend son étui.

M. HENRI

Un autre cigare?

LE PÈRE

Merci. Je suis confus. Si, si, je suis confus. Quel arôme! La bague est un petit bijou. Dites donc, mon cher, savez-vous que je me suis laissé dire que les gamines qui faisaient cela les roulaient toutes nues sur leur cuisse?

Il le respire.

Sur leur cuisse...

Il s'arrête.

Qu'est-ce que je disais?

M. HENRI

Le poids d'une vie...

LE PÈRE, *qui a perdu son élan lyrique.*

Comment cela, le poids d'une vie?

M. HENRI

Si tu savais le poids d'une vie sur les épaules d'un homme...

LE PÈRE, *qui coupe le bout de son cigare avec ses dents.*

Ah! c'est juste! si tu savais, gamin, le poids d'une vie sur les épaules d'un homme...

Il s'arrête, il allume longuement le cigare et il conclut simplement.

C'est très lourd, fiston, c'est extrêmement lourd.

Il tire une large bouffée avec onction.

Merveilleux!

Il cligne de l'œil à M. Henri.

J'ai l'impression que je lui fume la cuisse.

Il veut rire et s'étrangle avec sa fumée. M. Henri a été à Orphée.

M. HENRI

Tu as écouté ton père, Orphée? Il faut toujours écouter son père. Les pères ont toujours raison.

Orphée lève les yeux, le regarde. Il sourit, il ajoute doucement.

Même les imbéciles, Orphée. La vie est ainsi faite que les pères imbéciles en savent aussi long, quelquefois plus long sur elle que les pères intelligents. La vie n'a pas besoin de l'intelligence. C'est même ce qu'elle peut rencontrer de plus gênant dans sa marche joyeuse.

ORPHÉE *murmure.*

La vie...

M. HENRI

Ne dis pas de mal d'elle. Tu la défendais hier soir.

ORPHÉE

C'est si loin hier.

M. HENRI, *doucement.*

Je te l'avais pourtant dit qu'elle te ferait perdre Eurydice.

ORPHÉE

N'accusez donc pas la vie... «La vie», cela ne veut rien dire. C'est moi, c'est moi seul.

M. HENRI, *sourit.*

Toi seul. Comme tu es orgueilleux.

ORPHÉE

Précisément... c'est mon orgueil.

M. HENRI

Ton orgueil! Vraiment, petit homme? Tu veux que l'orgueil aussi soit à toi? Ton amour, ton orgueil, maintenant ton désespoir, sans doute... Quel besoin de mettre un pronom possessif devant chacune de vos petites ficelles! Vous êtes extraordinaires. Pourquoi pas mon oxygène, mon azote? Il faut dire l'Orgueil, l'Amour, le Désespoir. Ce sont des noms de fleuves, petit homme. Un ruisselet s'en détache et t'arrose entre mille autres. C'est tout. Le fleuve Orgueil n'est pas à toi.

ORPHÉE

Le fleuve Jalousie non plus, je le sais. Et la peine qui me noie vient sans doute du même fleuve Peine qui noie en ce moment des millions d'autres hommes. C'est la même eau glacée, le même courant anonyme, et après? Je ne suis pas de ceux qui se consolent d'un mal en disant «c'est la vie». Qu'est-ce que vous voulez que cela me fasse, à moi, que ce soit la vie?... Qu'un million de grains de sable soient broyés en même temps que moi?

M. HENRI

Ce sont tes frères, comme on dit.

ORPHÉE

Je les hais tous, un par un... Alors, qu'on ne vienne pas essayer de me faire après, de la foule, une grande sœur attendrissante. On est seul. On est bien seul. C'est la seule chose sûre.

M. HENRI *s'est penché vers lui.*

Et encore, toi, tu es seul parce que tu as perdu Eurydice. Songe que ce que te réservait la vie, ta chère vie, c'était de te retrouver seul un jour aux côtés d'Eurydice vivante.

ORPHÉE

Non.

M. HENRI

Si. Un jour ou l'autre, dans un an, dans cinq ans, dans dix ans, si tu veux, sans cesser de l'aimer, peut-être, tu te serais aperçu que tu n'avais plus envie d'Eurydice, qu'Eurydice n'avait plus envie de toi.

ORPHÉE

Non.

M. HENRI

Si. Ç'aurait été aussi bête que cela. Tu aurais été le Monsieur qui trompe Eurydice.

ORPHÉE *crie.*

Jamais!

M. HENRI

Pourquoi cries-tu si fort, pour moi ou pour toi? Mettons, si tu préfères, que tu aurais été le Monsieur qui a envie de tromper Eurydice; ce n'est pas mieux.

ORPHÉE

Je lui serais resté fidèle toujours.

M. HENRI

Peut-être, d'ailleurs, longtemps. Avec des regards qui n'osent pas vers les autres femmes. Et une haine lente et sûre qui se serait mise à grandir entre vous pour toutes les filles que tu n'aurais pas suivies à cause d'elle dans la rue...

ORPHÉE

Ce n'est pas vrai.

M. HENRI

Si. Jusqu'au jour où l'une d'elles serait passée devant toi, jeune et dure, sans trace d'une douleur, sans trace d'une pensée; une femme toute neuve, Orphée, devant ta lassitude. Alors, tu aurais pu voir la mort, la trahison, le mensonge, devenir soudain les mesures les plus simples, l'injustice prendre un autre nom, la fidélité un autre visage...

ORPHÉE

Non. J'aurais fermé les yeux. J'aurais fui.

M. HENRI

La première fois peut-être et tu aurais encore marché quelque temps à côté d'Eurydice avec les yeux d'un homme qui cherche à perdre son chien dans la rue. Mais la centième fois. Orphée!...

Il a un geste.

D'ailleurs, Eurydice t'aurait peut-être abandonné la première...

ORPHÉE, *plaintivement cette fois.*

Non.

M. HENRI

Pourquoi non? Parce qu'elle t'aimait hier? Un petit oiseau capable de s'envoler sans savoir pourquoi, quitte à en mourir, elle aussi.

ORPHÉE

Nous ne pouvions pas cesser de nous aimer.

M. HENRI

Elle n'aurait peut-être pas cessé de t'aimer, la pauvre. Ce n'est pas si facile de cesser d'aimer. La tendresse a la vie dure, tu sais. Elle aurait peut-être eu une façon de se donner à toi avant d'aller retrouver son amant, si humble, si gentille, que tu aurais presque pu être encore un peu heureux. C'est vrai.

ORPHÉE

Non, pas nous, pas nous!

M. HENRI

Vous comme les autres. Vous plus que les autres. Avec votre façon d'être tendres, vous vous seriez déchirés jusqu'au bout.

ORPHÉE

Non.

M. HENRI

Si. Ou bien alors un jour, lassés, souriants, veules vous auriez tout de même décidé tacitement de tuer le pathétique entre vous et d'être enfin heureux et gentils l'un pour l'autre. Et on aurait pu voir un Orphée et une Eurydice complaisants...

ORPHÉE

Non! Cela aurait duré toujours, jusqu'à ce que je l'aie vieille et blanche à côté de moi, jusqu'à ce que je sois vieux près d'elle.

M. HENRI

La vie, ta chère vie, ne t'aurait pas laissé arriver jusque-là. L'amour d'Orphée et d'Eurydice ne lui aurait pas échappé.

ORPHÉE

Non.

M. HENRI

Non, petit homme. Vous êtes tous les mêmes. Vous avez soif d'éternité et dès le premier baiser vous êtes verts d'épouvante parce que vous sentez obscurément que cela ne pourra pas durer. Les serments sont vite épuisés. Alors vous vous bâtissez des maisons, parce que les pierres, elles, durent; vous faites un enfant, comme d'autres les égorgeaient autrefois, pour rester aimés. Vous misez allégrement le bonheur de cette petite recrue innocente dans ce combat douteux sur ce qu'il y a de plus fragile au monde, sur votre amour d'homme et de femme... Et cela se dissout, cela s'effrite, cela se brise tout de même comme pour ceux qui n'avaient rien juré.

LE PÈRE, *qui dort à moitié.*

Quand je vous dis, moi, que la vie est magnifique...

Il se retourne sur son fauteuil; la main qui tient le cigare tombe; il murmure, béat.

Sur la cuisse...

Orphée et M. Henri l'ont regardé en silence.

M. HENRI *se rapproche d'Orphée, bref, à voix basse.*

La vie ne t'aurait pas laissé Eurydice, petit homme. Mais Eurydice peut t'être rendue pour toujours. L'Eurydice de la première fois, éternellement semblable à elle-même...

ORPHÉE *le regarde, et, au bout d'un temps, dit en secouant la tête.*

Non.

M. HENRI *sourit.*

Pourquoi non, petite tête?

ORPHÉE

Non, je ne veux pas mourir. Je hais la mort.

M. HENRI, *doucement.*

Tu es injuste. Pourquoi hais-tu la mort? La mort est belle. Elle seule donne à l'amour son vrai climat. Tu as écouté ton père te parler de la vie tout à l'heure. C'était grotesque, n'est-ce pas, c'était lamentable? Hé bien, c'était cela... Cette pitrerie, ce mélo absurde, c'est la vie. Cette lourdeur, ces effets de théâtre, c'est bien elle. Va te promener là-dedans avec ta petite Eurydice, tu la retrouveras à la sortie avec des taches de mains plein sa robe, tu te retrouveras, toi, étrangement fourbu. Si tu la retrouves, si tu te retrouves! Je t'offre une Eurydice intacte, une Eurydice au vrai visage que la vie ne t'aurait jamais donnée. La veux-tu?

Le père se met à ronfler terriblement.

Ton père ronfle, Orphée. Regarde-le. Il est laid. Il est pitoyable. Il a vécu. Qui sait? Il n'a peut-être pas été aussi bête qu'il le disait tout à l'heure. Il y a peut-être eu une minute où il est passé à côté de l'amour ou de la beauté. Regarde-le maintenant, cramponné à l'existence, avec sa pauvre carcasse ronflante avachie sur ce fauteuil. Regarde-le bien. Les gens croient que l'usure de la vie sur une face, c'est l'épouvante de la mort. Quelle erreur! L'épouvante, au contraire, c'est de retrouver la fadeur, la mollesse des visages de quinze ans, caricaturées, mais intactes, sous ces barbes, ces lorgnons, ces airs dignes. C'est l'épouvante de la vie. Ces adolescents ridés, toujours ricaneurs, toujours impuissants, toujours veules et de plus en plus sûrs d'eux. Ce sont les hommes... Regarde bien ton jeune père, Orphée, et pense qu'Eurydice t'attend.

ORPHÉE, *soudain après un temps.*

Où?

M. HENRI *va vers lui, souriant.*

Tu veux toujours savoir, petit homme... Je t'aime bien. J'ai été désolé que tu aies mal. Mais cela va être fini maintenant. Tu vas voir comme tout va devenir pur, lumineux, limpide... Un monde pour toi, petit Orphée...

ORPHÉE

Qu'est-ce qu'il faut faire?

M. HENRI

Prends ton manteau, la nuit est fraîche. Sors de la ville, par la route qui est devant toi. Quand les maisons s'espaceront tu arriveras sur une hauteur, près d'un petit bois d'oliviers. C'est là.

ORPHÉE

Quoi là?

M. HENRI

Que tu as rendez-vous avec ta mort. A neuf heures. Il est presque l'heure, ne la fais pas attendre.

ORPHÉE

Je reverrai Eurydice?

M. HENRI

Aussitôt.

ORPHÉE *prend son manteau.*

C'est bien, adieu.

M. HENRI

Au revoir, petit homme.

Le ronflement du père s'accentue jusqu'à devenir une sorte de roulement de tambour continu qui ne cessera pas jusqu'à la fin de la scène. L'éclairage se modifie imperceptiblement. M. Henri est resté en place, immobile, les mains dans les poches; soudain il dit doucement.

Entre.

La porte s'ouvre lentement. Eurydice entre et reste dans le fond de la pièce.

EURYDICE

Il accepte?

M. HENRI

Oui, il accepte.

EURYDICE *joint les mains.*

Mon chéri, s'il te plaît, reviens vite.

M. HENRI

Il arrive.

EURYDICE

Il n'aura pas mal, au moins?

M. HENRI, *doucement.*

Est-ce que tu as eu mal, toi?

LE GARÇON *frappe et entre.*

Monsieur me permet, je vais faire la couverture.

Il ferme les doubles rideaux et commence la couverture. Il passe plusieurs fois devant Eurydice sans la voir. Il regarde le père en souriant.

Monsieur ronfle, il paraît que c'est un signe de bonne santé. Il n'y a que les bon vivants qui ronflent, disait ma mère. J'entendais Monsieur parler, j'avais peur de le déranger.

M. HENRI

Je parlais seul.

LE GARÇON

Moi aussi, cela m'arrive. On se dit parfois des choses extraordinaires que les autres ne vous auraient pas dites. Comment va le jeune homme, Monsieur?

M. HENRI

Bien.

LE GARÇON

Cela a dû être un coup terrible.

M. HENRI

Oui.

LE GARÇON

Croyez-vous qu'il se consolera jamais?

M. HENRI

Oui. Quelle heure avez-vous?

LE GARÇON

Neuf heures moins deux minutes, Monsieur.

Il a fait la couverture en silence. On n'entend que le ronflement du père qui grandit.

M. HENRI *appelle soudain.*

Garçon?

LE GARÇON

Monsieur?

M. HENRI

Faites préparer ma note, je pars ce soir.

LE GARÇON

Monsieur m'avait dit hier...

M. HENRI

J'ai réfléchi, cette fois je pars.

LE GARÇON

Bien, Monsieur. Monsieur en a fini avec Marseille?

M. HENRI

Oui.

Le garçon va sortir.

Quelle heure avez-vous maintenant?

LE GARÇON

Neuf heures juste, Monsieur.

Il sort, laissant la porte grande ouverte.

M. HENRI, *à Eurydice qui est restée immobile.*

Le voilà.

EURYDICE *demande doucement.*

Il pourra me regarder?

M. HENRI

Oui, maintenant, sans crainte de te perdre.

Orphée entre, hésitant sur le seuil, comme ébloui par la lumière: Eurydice court à lui, l'enlace.[26]

EURYDICE

Mon chéri, comme tu as été long!

Neuf heures sonnent au loin. Le père cesse brusquement de ronfler et s'éveille avec des borborygmes.

LE PÈRE, *tirant sur son cigare éteint.*

Tiens, j'ai dormi? Où est Orphée?

M. Henri ne répond pas. Le père regarde autour de lui, il est inquiet.

Il est sorti? Mais enfin, répondez-moi, sacrebleu! Où est Orphée?

M. HENRI, *lui montrant le couple enlacé qu'il ne voit pas.*
Orphée est avec Eurydice, enfin!
Le père s'est levé ahuri, il a lâché son cigare.

Le rideau tombe

FIN D'EURYDICE

MÉDÉE
1946

PERSONNAGES[27]

MÉDÉE
JASON
CRÉON

LA NOURRICE
LE GARÇON
LES GARDES

En scène, au lever du rideau, Médée et la Nourrice accroupies par terre devant une roulotte.
Des musiques, des chants vagues au loin.
Elles écoutent.

MÉDÉE

Tu l'entends?

LA NOURRICE

Quoi?

MÉDÉE

Le bonheur. Il rôde.[28]

LA NOURRICE

Ils chantent au village. C'est peut-être une fête chez eux, aujourd'hui.

MÉDÉE

Je hais leurs fêtes. Je hais leur joie.

LA NOURRICE

On n'est pas d'ici.

Un silence.

Chez nous c'est plus tôt, en juin, la fête. Les filles se mettent des fleurs dans les cheveux et les garçons se peignent la figure en rouge avec leur sang et, au petit matin, après les premiers sacrifices, on commence les combats. Qu'ils sont beaux les gars de Colchide[29] quand ils se battent!

MÉDÉE

Tais-toi.

LA NOURRICE

Après, ils domptent les bêtes sauvages tout le jour. Et le soir on allumait des grands feux devant le palais de ton père, de grands feux jaunes avec des herbes qui sentaient fort. Tu l'as oubliée, toi, petite, l'odeur des herbes de chez nous?

MÉDÉE

Tais-toi. Tais-toi, bonne femme.

LA NOURRICE

Ah, je suis vieille et c'est trop long la route... Pourquoi, pourquoi est-on parties, Médée?

MÉDÉE, *crie.*

On est parties parce que j'aimais Jason, parce que j'avais volé pour lui mon père, parce que j'avais tué mon frère pour lui.[30] Tais-toi, bonne femme, tais-toi. Crois-tu que c'est bon de toujours redire les choses?

LA NOURRICE

Tu avais un palais aux murs d'or et maintenant nous sommes là, accroupies comme deux mendiantes, devant ce feu qui s'éteint toujours.

MÉDÉE

Va prendre du bois.

La nourrice se lève en gémissant et s'éloigne.

MÉDÉE, *crie soudain.*

Écoute!

Elle se dresse.

C'est un pas sur la route.

LA NOURRICE, *écoute, puis dit.*

Non. C'est le vent.

Médée s'est accroupie, à nouveau. Les chants reprennent au loin.

LA NOURRICE

Ne l'attends plus, ma chatte, tu te ronges. Si c'est vrai que c'est une fête, ils ont dû l'inviter là-bas. Il danse, ton Jason, il danse avec les filles de Pélasges[31] et nous sommes là, toutes les deux.

MÉDÉE, *sourdement.*

Tais-toi, la vieille.

LA NOURRICE

Je me tais.

Un silence, elle s'est mise à quatres pattes pour souffler sur le feu. On entend la musique.

MÉDÉE, *soudain.*

Sens!

LA NOURRICE

Quoi?

MÉDÉE

Cela pue le bonheur jusque sur cette lande. Ils nous ont pourtant parqués assez loin de leur village! Ils avaient peur que nous leur volions leurs poules, la nuit.

Elle s'est dressée, elle crie.

Mais qu'est-ce qu'ils ont donc à chanter et à danser? Est-ce que je chante, moi, est-ce que je danse?

LA NOURRICE

Ils sont chez eux, eux. Leur journée est finie.

Un temps, elle rêve.

Te rappelles-tu? Le palais était blanc au bout de l'allée des cyprès quand on rentrait des longues promenades... Tu donnais ton cheval à l'esclave et tu te jetais sur les divans. Alors j'appelais tes filles pour qu'elles te lavent et t'habillent. Tu étais la maîtresse et la fille du roi et rien n'était trop beau pour toi. On tirait les robes des coffres et tu choisissais, calme et nue, pendant qu'elles te frottaient d'huile.

MÉDÉE

Tais-toi, bonne femme, tu es trop bête. Crois-tu que je regrette un palais, des robes, des esclaves?

LA NOURRICE

Fuir, toujours fuir, depuis![32]

MÉDÉE

Je pouvais fuir, toujours.

LA NOURRICE

Chassées, battues, méprisées, sans pays, sans maison.

MÉDÉE

Méprisée, chassée, battue, sans pays, sans maison, mais pas seule.

LA NOURRICE

Et tu me traînes, à mon âge. Et si je meurs, où me laisseras-tu?

MÉDÉE

Dans un trou, n'importe où au bord d'un chemin, la vieille, et moi aussi, cela je l'ai accepté. Mais pas seule.

LA NOURRICE

Il t'abandonne, Médée.

MÉDÉE, *crie.*

Non!

Elle s'arrête.

Écoute.

LA NOURRICE

C'est le vent. C'est la fête. Il ne rentrera pas, ce soir non plus.

MÉDÉE

Mais quelle fête? Quel bonheur qui pue jusqu'ici leur sueur, leur gros vin, leur friture? Gens de Corinthe, qu'avez-vous à crier et à danser? Qu'est-ce qui se passe de si gai ce soir qui m'étreint, moi, qui m'étouffe?... Nourrice, nourrice, je suis grosse ce soir. J'ai mal et j'ai peur comme lorsque tu m'aidais à me tirer un petit de mon ventre... Aide-moi, nourrice! Quelque chose bouge dans moi comme autrefois et c'est quelque chose qui dit non à leur joie à eux là-bas, c'est quelque chose qui dit non au bonheur.

Elle se serre contre la vieille, tremblante.

Nourrice, si je crie tu mettras ton poing sur ma bouche, si je me débats tu me tiendras, n'est-ce pas? Tu ne me laisseras pas souffrir seule... Ah! tiens-moi, nourrice, tiens-moi de toutes tes forces. Tiens-moi comme lorsque j'étais petite, comme le soir où j'ai failli mourir en enfantant. J'ai quelque chose à mettre au monde encore cette nuit, quelque chose de plus gros, de plus vivant que moi et je ne sais pas si je vais être assez forte...

UN GARÇON, *entre soudain et s'arrête.*

C'est vous, Médée?

MÉDÉE, *lui crie.*

Oui! Dis vite! Je sais!

LE GARÇON

C'est Jason qui m'envoie.

MÉDÉE

Il ne rentrera pas? Il est blessé, mort?

LE GARÇON

Il vous fait dire que vous êtes sauvée.

MÉDÉE

Il ne rentrera pas?

LE GARÇON

Il vous fait dire qu'il viendra, qu'il faut l'attendre.

MÉDÉE

Il ne rentrera pas? Où est-il?

LE GARÇON

Chez le roi. Chez Créon.

MÉDÉE

Emprisonné?

LE GARÇON

Non.

MÉDÉE, *crie encore.*

Si! C'est pour lui cette fête? Parle! Tu vois bien que je sais. C'est pour lui?

LE GARÇON

Oui. C'est pour lui.

MÉDÉE

Qu'a-t-il donc fait? Allons, dis vite. Tu as couru, tu es tout rouge, il te tarde d'y retourner. On danse, n'est-ce pas?

LE GARÇON

Oui.

MÉDÉE

Et on boit?

LE GARÇON

Six barriques ouvertes devant le palais!

MÉDÉE

Et les jeux, et les pétards, et les fusils qui partent tous ensemble vers le ciel. Vite, vite, petit, et tu auras joué ton rôle, tu pourras retourner là-bas et t'amuser. Tu ne me connais pas. Qu'est-ce que cela peut te faire ce que tu vas me dire? Pourquoi mon visage te fait-il peur? Tu veux que je sourie? Voilà, je souris. D'ailleurs, c'est plutôt une bonne nouvelle puisqu'on danse. Vite, petit, puisque je sais!

LE GARÇON

Il épouse Créuse, la fille de Créon. C'est demain matin la noce.

MÉDÉE

Merci, petit! Va danser maintenant avec les filles de Corinthe. Danse de toutes tes forces, danse toute la nuit. Et quand tu seras vieux, rappelle-toi que c'est toi qui est venu dire à Médée.

LE GARÇON, *fait un pas.*

Qu'est-ce qu'il faudra lui dire?

MÉDÉE

A qui?

LE GARÇON

A Jason.

MÉDÉE

Dis-lui que je t'ai dit merci!

Le garçon s'en va.

MÉDÉE, *crie soudain.*

Merci, Jason! Merci, Créon! Merci la nuit! Merci tous! Comme c'était simple, je suis délivrée...

LA NOURRICE, *s'approche.*

Mon aigle fière, mon petit vautour...

MÉDÉE

Laisse, femme! Je n'ai plus besoin de tes mains. Mon enfant est venu tout seul. Et c'est une fille, cette fois. O ma haine! Comme tu es neuve... Comme tu es douce, comme tu sens bon. Petite fille noire, voilà que je n'ai plus que toi au monde à aimer.

LA NOURRICE

Viens, Médée...

MÉDÉE, *est debout toute droite, les bras serrés sur sa poitrine.*

Laisse-moi. J'écoute.

LA NOURRICE

Laisse leur musique. Rentrons.

MÉDÉE

Je ne l'entends plus. J'écoute ma haine... O douceur! O force perdue!... Qu'avait-il fait de moi, nourrice, avec ses grandes mains chaudes? Il a suffi qu'il entre au palais de mon père et qu'il en pose une sur moi. Dix ans sont passés et la main de Jason me lâche. Je me retrouve. Ai-je rêvé? c'est moi. C'est Médée! Ce n'est plus cette femme attachée à l'odeur d'un homme, cette chienne couchée qui attend. Honte! Honte! Mes joues me brûlent, nourrice. Je l'attendais tout le jour, les jambes ouvertes, amputée... Humblement, ce morceau de moi qu'il pouvait donner et reprendre, ce milieu de mon ventre, qui était à lui... Il fallait bien que je lui obéisse et que je lui sourie et que je me pare pour lui plaire puisqu'il me quittait chaque matin m'emportant, trop heureuse qu'il revienne le soir et me rende à moi-même. Il fallait bien que je la lui donne cette toison du bélier d'or s'il la voulait, et tous les secrets de mon père et que je tue mon frère pour lui et que je le suive après dans sa fuite, criminelle et pauvre avec lui. J'ai fait tout ce qu'il fallait, voilà tout, et j'aurais pu faire davantage. Tu le sais tout cela, bonne femme, tu as aimé, toi aussi.

LA NOURRICE

Oui, ma louve.

MÉDÉE, *crie.*

Amputée!... O soleil, si c'est vrai que je viens de toi, pourquoi m'as-tu faite amputée? Pourquoi ces seins, cette faiblesse, cette plaie ouverte au milieu de moi? N'aurait-il pas été beau le garçon Médée? N'aurait-il pas été fort? Le corps dur comme la pierre, fait pour prendre et partir après, ferme, intact, entier, lui! Ah! il aurait pu venir, alors Jason, avec ses grandes mains redoutables, il aurait pu tenter de les poser sur moi! Un couteau, chacun dans la sienne — oui! — et le plus fort tue l'autre et s'en va délivré. Pas cette lutte où je ne voulais que toucher les épaules, cette blessure que j'implorais. Femme! Femme! Chienne! Chair faite d'un peu de boue et d'une côte d'homme! Morceau d'homme! Putain!

LA NOURRICE, *l'embrasse.*

Pas toi, pas toi, Médée!

MÉDÉE

Moi comme les autres!... Plus lâche et plus béante que les autres. Dix ans! Mais c'est fini ce soir, nourrice, je suis redevenue Médée. Comme c'est bon.

LA NOURRICE

Calme-toi, Médée.

MÉDÉE

Je me calme, je suis douce. Tu entends comme je suis douce, nourrice, comme je parle doucement. Je meurs. Je tue tout doucement dans moi. J'étrangle.

LA NOURRICE

Viens. Tu me fais peur, rentrons.

MÉDÉE

Moi aussi, j'ai peur.

LA NOURRICE

Qu'est-ce qu'ils vont faire de nous maintenant?

MÉDÉE

Quelle question! Ce qu'il faut se demander, c'est ce que nous allons faire d'eux, la vieille! J'ai peur aussi, mais pas de leur musique, de leurs cris, de leur roi pouilleux, de leurs ordres — de moi! Jason, tu l'avais endormie et voilà que Médée s'éveille! Haine! Haine! grande vague bienfaisante, tu me laves et je renais.

LA NOURRICE

Ils vont nous chasser, Médée.

MÉDÉE

Peut-être.

LA NOURRICE

Où irons-nous?

MÉDÉE

Il y aura toujours un pays pour nous, bonne femme, de ce

côté de la vie ou de l'autre, un pays où Médée sera reine. O mon noir royaume, tu m'es rendu!

LA NOURRICE, *gémit.*

Il va falloir tout emballer encore.

MÉDÉE

On emballera, la vieille, après!

LA NOURRICE

Après quoi?

MÉDÉE

Tu le demandes?

LA NOURRICE

Qu'est-ce que tu veux faire, Médée?

MÉDÉE

Ce que j'ai fait pour lui quand j'ai trahi mon père, quand j'ai dû tuer mon frère pour fuir, ce que j'ai fait au vieux Pélias[33] quand j'ai essayé que Jason devienne le roi de son île, ce que j'ai fait dix fois pour lui, mais pour moi cette fois, enfin!

LA NOURRICE

Tu es folle, tu ne peux pas.

MÉDÉE

Qu'est-ce que je ne peux pas, bonne femme? Je suis Médée, toute seule, abandonnée devant cette roulotte; au bord de cette mer étrangère, chassée, honnie, haïe, mais rien n'est trop pour moi!

La musique est plus forte au loin, Médée crie plus fort qu'elle.

Qu'ils chantent, qu'ils chantent vite, leur chant d'hyménée!

Qu'ils la parent vite, la fiancée, dans son palais. C'est long demain jusqu'à la noce... Ah! Jason, tu me connais pourtant, tu sais quelle vierge tu as prise en Colchide. Qu'est-ce que tu as pu croire? Que j'allais me mettre à pleurer? Je t'ai suivi dans le sang et dans le crime, il va me falloir du sang et un crime pour te quitter.

LA NOURRICE, *se jette contre elle.*

Tais-toi, tais-toi, je t'en supplie! Enfouis tes plaintes au fond de ton cœur, enfouis ta haine. Supporte. Ce soir, ils sont plus forts que nous!

MÉDÉE

Qu'est-ce que cela peut bien faire, nourrice?

LA NOURRICE

Tu te vengeras, ma louve, tu te vengeras, mon vautour. Tu leur feras du mal un jour, toi aussi. Mais nous ne sommes rien, ici. Deux étrangères dans leur roulotte avec leur vieux cheval; deux voleuses de basse-cour à qui les enfants jettent des pierres. Attends un jour, attends un an, bientôt tu seras la plus forte.

MÉDÉE

Plus forte que ce soir? Jamais.

LA NOURRICE

Mais que peux-tu dans cette île ennemie? Colchos est loin et de Colchos même tu es chassée. Et Jason nous laisse aussi maintenant. Que te reste-t-il donc?

MÉDÉE

Moi![34]

LA NOURRICE

Pauvre! Créon est roi et ils ne nous ont tolérées que parce qu'il l'a voulu, sur cette lande. Qu'il dise un mot, qu'il leur permette et ils sont tous ici avec leurs couteaux et les bâtons. Ils nous tueront.

MÉDÉE, *doucement.*

Ils nous tueront. Mais trop tard.

LA NOURRICE, *se jette à ses pieds.*

Médée, je suis vieille, je ne veux pas mourir! Je t'ai suivie, j'ai tout laissé pour toi. Mais la terre est encore pleine de bonnes choses, le soleil sur le banc à la halte, la soupe chaude à midi, les petites pièces qu'on a gagnées dans sa main, la goutte qui fait chaud au cœur avant de dormir.

MÉDÉE, *la repousse du pied, méprisante.*

Carcasse! Moi aussi, hier, j'aurais voulu vivre, mais ce n'est plus de vivre ou de mourir maintenant qu'il s'agit.

LA NOURRICE, *accrochée à ses jambes.*

Je veux vivre, Médée!

MÉDÉE

Je sais, vous voulez tous vivre. C'est parce que Jason veut vivre aussi qu'il part.

LA NOURRICE, *ignoble soudain.*

Tu ne l'aimes plus, Médée. Tu ne le désires plus depuis longtemps. On sait tout, tassés dans cette roulotte. Le premier, il t'a dit qu'il avait trop chaud un soir, qu'il voulait mettre sa paillasse dehors. Tu l'as laissé et je t'ai entendue soupirer d'aise en te détendant, ce soir-là, d'avoir le lit pour toi toute seule. On tue pour un homme qui vous prend encore, pas pour homme qu'on laisse sortir la nuit de son lit.

MÉDÉE, *l'a prise par le col, elle la relève brutalement à la hauteur de son visage.*

Attention, femme! Tu en sais trop, tu en dis trop. J'ai sucé ton lait, bon, et j'ai toléré tes jérémiades. Mais ce n'est pas de lait, tu le sais, que Médée a grandi. Je ne te dois pas plus qu'à la chèvre que j'aurais pu sucer au lieu de toi. Alors écoute: Tu m'en as trop dit avec ta carcasse, et ta goutte, et ton soleil sur ta viande pourrie... A ta vaisselle, vieille, à ton balai, à tes épluchures, avec les autres de ta race. Le jeu que nous jouons n'est pas pour vous. Et si vous y crevez aussi par mégarde et sans comprendre, c'est bien dommage, mais c'est tout!

Elle la rejette brutalement par terre. A ce moment la vieille crie.

LA NOURRICE

Attention, Médée, on vient!

Médée se retourne, Créon est devant elle, entouré de deux ou trois hommes.

CRÉON

C'est toi, Médée?

MÉDÉE

Oui.

CRÉON

Je suis Créon, le roi de ce village.

MÉDÉE

Salut.

CRÉON

Ton histoire est venue jusqu'à moi. Tes crimes sont connus ici. Le soir, comme dans toutes les îles de cette côte, les femmes les racontent aux enfants pour leur faire peur. Je t'ai tolérée quelques jours sur cette lande avec ta roulotte; maintenant, tu vas devoir partir.

MÉDÉE

Qu'ai-je fait aux gens de Corinthe? Ai-je pillé leur

basse-cour ? Leurs bêtes sont-elles malades ? Ai-je empoisonné leurs fontaines en allant y puiser l'eau de mes repas ?

CRÉON

Rien encore, non. Mais tout cela tu peux le faire un jour. Va-t'en.

MÉDÉE

Créon, mon père aussi est roi.

CRÉON

Je le sais. Va à Colchos te plaindre.[35]

MÉDÉE

Soit, j'y retourne. Je n'effraierai pas plus longtemps les matrones de ton village, mon cheval ne te volera pas plus longtemps l'herbe rare de ta lande. Je retourne à Colchos, mais que celui qui m'en a emmenée m'y ramène.

CRÉON

Que veux-tu dire ?

MÉDÉE

Rends-moi Jason.

CRÉON

Jason est mon hôte, fils d'un roi qui fut mon ami et il est libre de ses actes.

MÉDÉE

Que chante-t-on dans ton village ? Pourquoi ces coups de feu au ciel, ces danses, ce vin distribué ? Si c'est la dernière nuit qu'ils me donnent ici, pourquoi m'empêchent-ils de dormir, tes honnêtes Corinthiens ?

CRÉON

Je suis venu te dire cela aussi. On fête ce soir les noces de ma fille. Jason doit l'épouser demain.

MÉDÉE

Longue vie, long bonheur à tous deux!

CRÉON

Ils se passeront de tes vœux.

MÉDÉE

Pourquoi les refuser, Créon? Invite-moi aussi à la noce. Présente-moi à ta fille. Je peux lui être utile, sais-tu? Depuis dix ans que je suis la femme de Jason, j'en ai long à lui apprendre, à elle qui ne le connaît que depuis dix jours.

CRÉON

C'est pour que cette scène n'ait pas lieu que j'ai décidé que tu quitterais Corinthe cette nuit. Attelle, fais tes paquets, tu as une heure pour avoir franchi la frontière. Ces hommes te conduiront.

MÉDÉE

Et si je refuse de bouger?

CRÉON

Les fils du vieux Pélias que tu as assassiné ont demandé ta tête à tous les rois de cette côte. Si tu restes, je te livre à eux.

MÉDÉE

Ils sont tes voisins. Ils sont forts. Entre rois on se rend de ces services. Pourquoi ne le fais-tu pas tout de suite?

CRÉON

Jason m'a demandé de te laisser partir.

MÉDÉE

Bon Jason! Il faut que je lui dise merci, n'est-ce pas? Tu me vois torturée par les Thessaliens le jour même de ses noces? Tu me vois au procès, à quelques lieues de Corinthe, disant à haute voix pour qui j'ai fait tuer Pélias? Pour le gendre, honnêtes juges, pour le gendre honoré de ce bon roi voisin avec lequel vous entretenez les meilleures relations possibles... Tu fais bien légèrement ton métier de roi, Créon! J'ai eu le temps d'apprendre au palais de mon père que ce n'est pas ainsi qu'on gouverne. Fais-moi tuer tout de suite.

CRÉON, *sourdement.*

Je le devrais, oui. Mais j'ai promis de te laisser partir. Tu as une heure.

MÉDÉE, *se plante en face de lui.*

Créon, tu es vieux. Tu es roi depuis longtemps. Tu as assez vu d'hommes et d'esclaves. Tu as assez fait d'ignoble cuisine. Regarde-moi dans les yeux et reconnais-moi. Je suis Médée. La fille d'Éates qui en a fait égorger d'autres, quand il le fallait, et de plus innocents que moi, je te l'assure. Je suis de ta race. De la race de ceux qui jugent et qui décident, sans revenir après et sans remords. Tu n'agis pas en roi, Créon. Si tu veux donner Jason à ta fille, fais-moi tuer tout de suite avec la vieille et les enfants qui dorment là et le cheval. Brûle tout ça sur cette lande avec deux hommes sûrs et disperse les cendres après. Qu'il ne reste de Médée qu'une grande tache noire sur cette herbe et un conte pour faire peur aux enfants de Corinthe le soir.

CRÉON

Pourquoi veux-tu mourir?

MÉDÉE

Pourquoi veux-tu que je vive maintenant? Ni toi, ni moi, ni Jason n'ont intérêt à ce que je sois encore vivante dans une heure, tu le sais bien.

CRÉON, *a un geste, il dit soudain sourdement.*

Je n'aime plus le sang.

MÉDÉE, *lui crie.*

Alors, tu es trop vieux pour être roi! Mets ton fils à ta place, qu'il fasse le travail comme il faut et va soigner tes vignes au soleil. Tu n'es plus bon qu'à ça!

CRÉON

Orgueilleuse! Furie! Crois-tu que c'est pour avoir tes conseils que je suis venu te trouver?

MÉDÉE

Tu n'es pas venu les chercher, mais je te les donne! C'est mon droit. Et le tien est de me faire taire, si tu en as la force. C'est tout.

CRÉON

J'ai promis à Jason que tu partirais sans mal.

MÉDÉE, *ricane.*

Sans mal! Je ne partirai pas sans mal, comme tu dis. Cela serait trop beau que je n'aie pas mal par-dessus le marché! Que je m'efface, que je m'anéantisse. Une ombre, un souvenir, une erreur regrettable, cette Médée traînée dix ans. C'est un rêve de Jason tout cela! Il peut m'escamoter, se cacher au milieu de tes gardes dans ton palais, s'enfouir dans l'innocence de ta fille et devenir roi de Corinthe à ta mort, il sait que son nom et le mien sont liés ensemble pour les siècles. Jason-Médée! Cela ne se séparera plus. Chasse-moi, tue-moi, c'est pareil. Avec lui ta fille m'épouse que tu le veuilles ou non, tu m'acceptes avec lui.

Elle lui crie.

Créon, sois roi! Fais ce qu'il faut. Chasse Jason. Mes crimes, il en a la moitié, les mains qui vont toucher la peau de ta fille sont rouges du même sang. Donne-nous une heure, moins d'une heure à nous deux. Nous avons l'habitude de fuir après chacun de nos coups, ensemble. C'est vite fait, je te l'assure, les paquets.

CRÉON

Non. Pars seule.

MÉDÉE, *doucement soudain.*

Créon. Je ne veux pas te supplier. Je ne peux pas. Mes genoux ne peuvent pas plier, ma voix ne peut pas se faire humble. Mais tu es humain puisque tu n'as pas su te résoudre à ma mort. Ne me laisse pas partir seule. Rends à l'exilée son navire, rends-lui son compagnon! Je n'étais pas seule quand je suis venue. Pourquoi distinguer maintenant entre nous? C'est pour Jason que j'ai tué Pélias, trahi mon père et massacré mon frère innocent dans ma fuite. Je suis à lui, je suis sa femme et chacun de mes crimes est à lui.

CRÉON

Tu mens. J'ai tout examiné. Jason est innocent sans toi; séparée de la tienne, sa cause est défendable, toi seule t'es salie... Jason est de chez nous, le fils d'un de nos rois, sa jeunesse, comme bien d'autres, a peut-être été folle, c'est un homme à présent qui pense comme nous. Toi seule viens de loin, toi seule es étrangère ici avec tes maléfices et ta haine. Retourne vers ton Caucase, trouve un homme parmi ta race, un barbare comme toi; et laisse-nous sous ce ciel de raison, au bord de cette mer égale, qui n'a que faire de ta passion désordonnée et de tes cris.

MÉDÉE, *après un temps.*

C'est bien, je partirai. Mais, mes enfants, quelle est leur race? celle du crime ou celle de Jason?

CRÉON

Jason a pensé qu'ils ne pouvaient qu'embarrasser ta fuite. Laisse-les-nous. Ils grandiront dans mon palais, je te promets ma protection pour eux.[36]

MÉDÉE, *doucement.*

Je dois dire merci, encore, n'est-ce pas? Vous êtes humains, en plus, vous êtes justes, tous, et sans haine.

CRÉON

Garde ton merci. Pars. L'heure déjà s'écoule et quand la lune sera en haut du ciel rien ne te protégera plus ici. L'ordre est donné.

MÉDÉE

Quoique barbare, quoique étrangère et si rude que soit ce Caucase d'où je viens, les mères y tiennent leurs petits, Créon, serrés contre elles, comme les autres. Les bêtes des forêts le font aussi... Ils dorment là. Ces cris, ces torches dans la nuit, ces mains inconnues qui les prennent et me les arrachent, c'est peut-être beaucoup pour payer les crimes de leur mère. Donne-moi jusqu'à demain. Je les éveillerai au matin comme d'habitude et je te les enverrai. Crois, Médée, roi! A peine auront-ils tourné la route, je serai partie.

CRÉON, *la regarde un instant en silence puis dit soudain.*

Soit.

Il ajoute sourdement sans la quitter du regard.

Tu vois, je me fais vieux. Une nuit c'est trop pour toi. C'est le temps de dix de tes crimes. Je devrais repousser ta prière... Mais j'ai beaucoup tué, Médée, moi aussi. Et dans les villages conquis où j'entrais à la tête de mes soldats ivres, beaucoup d'enfants... Je donne au destin la nuit tranquille de ces deux-là, en échange. Qu'il s'en serve, s'il veut, pour me perdre.

Il est sorti, suivi des hommes. Dès qu'il a disparu, le visage de Médée s'anime et elle lui crie de toutes ses forces, crachant vers lui.

MÉDÉE

Comptes-y, Créon! Compte sur Médée! Il faut l'aider un peu, le destin! Tu as perdu tes griffes, vieux lion, si tu en es à faire des prières, à racheter des petits enfants morts... Ah! tu veux les laisser dormir, ces deux-là, parce que quelque chose te chatouille au creux de la poitrine, en pensant à tous ceux que tu as tués quand tu es seul, le soir, dans ton palais vide, après le dîner. C'est ton estomac, vieux fauve, qui se délabre. Pas autre chose! Mange des bouillies, prends des poudres et ne t'attendris plus sur toi, qui es si bon, le vieux Créon que tu connais si bien, un si brave homme au fond, un incompris, mais qui a tout de même égorgé son compte d'innocents quand il avait encore des dents et les membres solides. Chez les bêtes on tue les vieux loups pour leur éviter ces retours en arrière, ces ultimes attendrissements. N'espère pas qu'ils te seront comptés. Je suis Médée, vieux crocodile! Je pèse juste, moi, si les dieux voulaient s'y laisser prendre. Le bien et le mal cela me connaît. Je sais qu'on paie comptant, que tous les coups sont bons et qu'il faut se servir soi-même, tout de suite. Et puisque ton sang refroidi, tes glandes mortes, t'ont rendu assez lâche pour me donner cette nuit, tu vas le payer!

Elle crie à la nourrice.

Aux paquets, la vieille! Embarque ta marmite, roule les draps, attelle le cheval. Nous serons parties dans une heure.

JASON, *paraît.*

Où vas-tu?

MÉDÉE, *lui fait face.*

Je fuis, Jason! Je fuis. Il n'est pas nouveau pour moi de changer de séjour. C'est la cause de ma fuite qui est nouvelle, car jusqu'ici c'est pour toi que j'ai fui.[37]

JASON

J'étais venu derrière eux. J'ai attendu qu'ils s'éloignent pour te voir seule.

MÉDÉE

Tu as encore quelque chose à me dire?

JASON

Tu t'en doutes. En tout cas, j'ai à écouter ce que tu as à me dire, toi, avant de partir.

MÉDÉE

Et tu n'as pas peur?

JASON

Si.

MÉDÉE, *va doucement à lui et dit soudain.*

Que je te regarde... Je t'ai aimé! Dix ans j'ai couché près de toi. Ai-je vieilli comme toi, Jason?

JASON

Oui.

MÉDÉE

Je te revois debout, comme cela, devant moi, la première nuit de Colchide. Ce héros brun, descendu de sa barque, cet enfant gâté qui voulait l'or de la Toison et qu'il ne fallait pas laisser mourir, c'était toi, tu crois?

JASON

C'était moi.

MÉDÉE

J'aurais dû te laisser aller les affronter seul les taureaux! seul les géants surgis tout armés de la terre, le dragon qui gardait la Toison.[38]

JASON

Peut-être.

MÉDÉE

Tu serais mort. Comme ce serait facile un monde sans Jason!

JASON

Un monde sans Médée! Je l'ai rêvé aussi.

MÉDÉE

Mais ce monde comprend Jason et Médée, et il faut bien le prendre comme il est. Et tu auras beau demander secours à ton beau-père, me faire mener à la frontière par ses hommes; une mer ou deux, ce n'est pas assez entre nous, tu le sais. Pourquoi l'as-tu empêché de me faire tuer?

JASON

Parce que tu as été longtemps ma femme, Médée. Parce que je t'ai aimée.

MÉDÉE

Et je ne le suis plus?

JASON

Non.

MÉDÉE

Heureux Jason délivré de Médée! C'est ton amour soudain pour cette petite oie de Corinthe, sa jeune odeur aigre, ses genoux serrés de pucelle qui t'ont délivré?

JASON

Non.

MÉDÉE

Qui est-ce alors?

JASON

C'est toi.

Un temps. Ils sont l'un en face de l'autre. Ils se regardent. Elle lui crie soudain.

MÉDÉE

Tu ne seras jamais délivré, Jason! Médée sera toujours ta femme! Tu peux me faire exiler, m'étrangler tout à l'heure quand tu ne pourras plus m'entendre crier, jamais, jamais plus, Médée ne sortira de ta mémoire! Regarde-le ce visage où tu ne lis que la haine, regarde-le avec ta haine à toi, la rancune et le temps peuvent le déformer, le vice y creuser sa trace; il sera un jour le visage d'une vieille femme ignoble dont ils auront tous horreur, mais toi, tu continueras à y lire jusqu'au bout le visage de Médée!

JASON

Non! Je l'oublierai.

MÉDÉE

Tu crois? Tu iras boire dans d'autres yeux, sucer la vie sur d'autres bouches, prendre ton petit plaisir d'homme où tu pourras. Oh! tu en auras d'autres femmes, rassure-toi, tu en auras mille maintenant, toi qui n'en pouvais plus de n'en avoir qu'une. Tu n'en auras jamais assez pour chercher ce reflet dans leurs yeux, ce goût sur leurs lèvres, cette odeur de Médée sur elles.

JASON

Tout ce que je veux fuir!

MÉDÉE

Ta tête, ta sale tête d'homme peut le vouloir, tes mains déroutées chercheront malgré toi, dans l'ombre, sur ces corps étranges, la forme perdue de Médée! Ta tête te dira qu'elles sont mille fois plus jeunes ou plus belles. Alors ne ferme pas les yeux, Jason, ne te laisse pas une seconde aller. Tes mains obstinées chercheraient malgré toi leur place sur ta femme... Et tu auras beau en prendre, à la fin, qui me ressembleront, des Médées neuves dans ton lit de vieillard, quand la vraie Médée ne sera plus, quelque part, qu'un vieux sac de peau plein d'os, méconnaissable; il suffira d'une imperceptible épaisseur sur une hanche, d'un muscle plus court ou plus long, pour que tes mains de jeune homme, au bout de tes vieux bras, se souviennent encore et s'étonnent de ne pas la retrouver. Coupe tes mains, Jason, coupe tes mains tout de suite! change de mains aussi si tu veux encore aimer.

JASON

Crois-tu que c'est pour chercher un autre amour que je te quitte? Crois-tu que c'est pour recommencer? Ce n'est plus seulement toi que je hais, c'est l'amour!

Un temps, ils se regardent encore.

MÉDÉE

Où veux-tu que j'aille? Où me renvoies-tu? Gagnerai-je le Phase, la Colchide, le royaume paternel, les champs baignés de sang de mon frère?[39] Tu me chasses. Quelles terres m'ordonnes-tu de gagner sans toi? Quelles mers libres? Les détroits du Pont où je suis passée derrière toi, trichant, mentant, volant pour toi; Lemnos où on n'a pas dû m'oublier; la Thessalie où ils m'attendent pour venger leur père, tué pour toi? Tous les chemins que je t'ai ouverts, je me les suis fermés. Je suis Médée chargée d'horreur et de crimes. Tu peux ne plus me connaître, ils me connaissent encore, eux. Quel embarras, hein, un vieux complice? Il fallait me laisser tuer, tu le vois bien.

JASON

Je te sauverai.

MÉDÉE

Tu me sauveras! Que sauveras-tu? Cette peau usée, cette carcasse de Médée bonne à traîner dans son ennui et sa haine n'importe où? Un peu de pain et une maison quelque part et qu'elle vieillisse, n'est-ce pas, dans le silence, qu'on n'entende plus parler d'elle, enfin! Pourquoi es-tu lâche, Jason? Pourquoi ne vas-tu pas jusqu'au bout? Il n'est qu'un lieu, qu'une demeure où Médée enfin se taira. Cette paix que tu voudrais que j'aie, pour pouvoir vivre, donne-la-moi. Va dire à Créon que tu acceptes. Ce ne sera qu'une petite minute dure à passer. Tu as déjà tué Médée aujourd'hui, tu le sais bien. Médée est morte. Qu'est-ce que c'est qu'un peu de sang de Médée en plus? Une flaque qu'on lavera par terre, une caricature figée dans un rictus d'horreur qu'on cachera quelque part, dans un trou. Rien. Achève, Jason! Je n'en peux plus déjà d'attendre. Va dire à Créon.

JASON

Non.

MÉDÉE, *plus doucement.*

Pourquoi? Crois-tu qu'un muscle qu'on déchire, une peau qui se fend, ce soit plus?

JASON

Je ne veux pas de ta mort non plus. C'est encore toi, ta mort. Je veux l'oubli et la paix.

MÉDÉE

Tu ne les auras jamais plus, Jason. Tu les as perdus en Colchide ce soir, dans la forêt où tu m'as prise dans tes bras. Morte ou vivante, Médée est là, devant ta joie et ta paix, montant la garde. Ce dialogue que tu as commencé avec elle, tu ne le termineras qu'avec ta mort maintenant. Après les mots de la tendresse et de l'amour, ç'aura été les insultes et les scènes, c'est la haine, à présent, soit, mais c'est toujours avec Médée que tu parles. Le monde est Médée pour toi, à jamais.

JASON

Le monde a-t-il donc toujours été Jason pour toi?

MÉDÉE

Oui!

JASON

Tu oublies vite! Ce n'est pas pour une dernière scène de ménage que je suis venu te trouver, mais cette couche où tu nous pretends liés à jamais, qui l'a désertée la première? Qui, la première, a accepté d'autres mains sur sa peau, le poids d'un autre homme sur son ventre?

MÉDÉE

Moi!

JASON

Je croyais que tu avais oublié aussi pourquoi nous avions fui de Naxos.

MÉDÉE

Tu t'échappais déjà. Ton corps reposait près de moi chaque nuit, mais dans ta tête, dans ta sale tête d'homme, fermée, tu forgeais déjà un autre bonheur, sans moi. Alors j'ai essayé de te fuir la première, oui!

JASON

C'est un mot commode, fuir.

MÉDÉE

Pas tellement, tu vois, car je ne l'ai pas pu. Ces mains, cette autre odeur, ce plaisir même que tu ne me donnais plus, toi, je les ai haïs tout de suite. Je t'ai aidé à le tuer, je t'ai dit l'heure. J'ai été ta complice contre lui. Je te l'ai vendu. L'as-tu oublié, toi, ce soir où je t'ai dit: «Viens, il est là, tu peux le prendre?»

JASON

Ne reparle plus jamais de ce soir-là!

MÉDÉE

J'ai été ignoble, hein, ce soir-là, deux fois? Et tu me méprisais, tu me haïssais de toutes tes forces et je n'avais plus à attendre autre chose de toi que ce regard froid — mais c'est tout de même toi que j'ai supplié de m'emmener. Il était beau pourtant, tu sais, Jason, mon berger de Naxos! Il était jeune et il m'aimait, lui![40]

JASON

Pourquoi n'est-ce pas à lui que tu as dit de me tuer? Je dormirais, maintenant, loin de toi; j'aurais fini.

MÉDÉE

Je n'ai pas pu! Il a fallu que je me recolle à ta haine, comme une mouche, que je reprenne mon chemin avec toi; que je me recouche le lendemain contre ton corps ennuyé pour pouvoir enfin m'endormir. Tu crois que je ne me suis pas mille fois plus méprisée que toi? J'ai hurlé seule devant ma glace, je me suis déchirée mes ongles d'être cette chienne qui revenait se coucher dans son trou. Les bêtes s'oublient, elles, et se quittent, au moins, le désir mort... Je te connais pourtant, héros pour filles de Corinthe! Je t'ai pesé, moi. Je sais ce que tu peux donner. Mais je suis encore là, tu vois.

JASON

Tu l'as peut-être fait tuer trop vite, ton berger!

MÉDÉE, *lui jette soudain.*

J'ai essayé, Jason, tu ne l'as pas su? J'ai essayé encore avec d'autres, depuis. Je n'ai pas pu!

Un temps, Jason dit soudain plus doucement.

JASON

Pauvre Médée...

MÉDÉE, *se dresse devant lui comme une furie.*

Je te défends d'avoir pitié!

JASON

Le mépris, tu me le permets? Pauvre Médée encombrée de toi-même? Pauvre Médée à qui le monde ne renvoie jamais que Médée. Tu peux défendre d'avoir pitié. Personne n'aura jamais pitié de toi. Et moi non plus, si j'apprenais aujourd'hui ton histoire, je ne le pourrais pas. L'homme Jason te juge avec les autres hommes. Et ton cas est réglé pour toujours. Médée! C'est un beau nom pourtant, il n'aura été qu'à toi seule dans ce monde. Orgueilleuse! Emporte celle-là dans le petit coin sombre où tu caches tes joies: il n'y aura pas d'autres Médée, jamais, sur cette terre. Les mères n'appelleront jamais plus leurs filles de ce nom. Tu seras seule, jusqu'au bout des temps, comme en cette minute.

MÉDÉE

Tant mieux!

JASON

Tant mieux! Redresse-toi, serre les poings, crache, piétine... Plus nous serons à te juger, à te haïr, mieux cela sera, n'est-ce pas? Plus le cercle s'élargira autour de toi, plus tu seras seule, plus tu auras mal pour mieux haïr toi aussi, plus cela sera bon. Eh bien, tu n'es pas toute seule ce soir, tant pis... Moi qui ai le plus souffert par toi, moi que tu as choisi entre tous pour dévorer, j'ai pitié de toi.

MÉDÉE

Non!

JASON

J'ai pitié de toi, Médée, qui ne connais que toi, qui ne peux donner que pour prendre, j'ai pitié de toi attachée pour toujours à toi-même, entourée d'un monde vu par toi...

MÉDÉE

Garde ta pitié! Médée blessée est encore redoutable. Défends-toi plutôt!

JASON

Tu as l'air d'une petite bête éventrée qui se débat empêtrée dans ses tripes et qui baisse encore la tête pour attaquer.

MÉDÉE

Cela tourne mal, Jason, pour les chasseurs qui se permettent ces attendrissements au lieu de recharger leur arme. Tu sais tout ce que je peux encore?

JASON

Oui. Je le sais.

MÉDÉE

Tu sais que je ne m'attendrirai pas, moi, que je ne me mettrai pas à avoir pitié à la dernière minute! Tu m'as vu faire front et tout risquer d'autres fois, pour bien moins?

JASON

Oui.

MÉDÉE

Alors qu'est-ce que tu veux? Pourquoi viens-tu tout brouiller soudain avec ta pitié? Je suis ignoble, tu le sais. Je t'ai trahi comme les autres. Je ne sais faire que le mal. Tu n'en peux plus de moi et tu sens bien quel crime je prépare. Garde-toi, voyons! Recule! Appelle les autres! Défends-toi, au lieu de me regarder ainsi!

JASON

Non.

MÉDÉE

Je suis Médée! Je suis Médée, tu te trompes! Médée qui ne t'a rien donné, jamais, que de la honte. J'ai menti, j'ai triché, j'ai volé, je suis sale... C'est à cause de moi que tu fuis et que tout est taché de sang autour de toi. Je suis ton malheur, Jason, ton ulcère, tes croûtes. Je suis ta jeunesse perdue, ton foyer dispersé, ta vie errante, ta solitude, ton mal honteux. Je suis tous les sales gestes et toutes les sales pensées. Je suis l'orgueil, l'égoïsme, la crapulerie, le vice, le crime. Je pue! Je pue, Jason! Ils ont tous peur de moi et se reculent. Tu le sais pourtant que je suis tout cela et que je serai bientôt la déchéance, la laideur, la vieillesse haineuse. Tout ce qui est noir et laid sur la terre, c'est moi qui l'ai reçu en dépôt. Alors, puisque tu le sais, pourquoi n'arrêtes-tu pas de me regarder ainsi? Je n'en veux pas de ta tendresse. Je n'en veux pas de tes bons yeux.

Elle crie devant lui.

Arrête, arrête, Jason! ou je te tue tout de suite pour que tu ne me regardes plus comme cela!

JASON *doucement.*

C'est peut-être ce qui serait le mieux, Médée.

MÉDÉE, *le regarde et dit simplement.*

Non. Pas toi.

JASON, *va à elle, il lui prend le bras.*

Alors, écoute-moi. Je ne peux pas t'empêcher d'être toi. Je ne peux pas t'empêcher de faire le mal que tu portes en toi. Les dés sont jetés, d'ailleurs. Ces conflits insolubles se dénouent, comme les autres, et quelqu'un sait sans doute déjà comment tout cela finira. Je ne peux rien empêcher. Tout juste jouer le rôle qui m'est dévolu, depuis toujours. Mais ce que je peux, c'est tout dire, une fois. Les mots ne sont rien, mais il faut qu'ils soient dits tout de même. Et si je dois être, ce soir, au nombre des morts de cette histoire, je veux mourir lavé de mes mots...

Je t'ai aimée, Médée, comme un homme aime une femme, d'abord. Tu n'as sans doute connu ou goûté cet amour-là, mais je t'ai donné plus qu'un amour d'homme — peut-être sans que tu l'aies su. Je me suis perdu en toi comme un petit garçon dans la femme qui l'a mis au monde. Tu as été longtemps ma patrie, ma lumière, tu as été l'air que je respirais, l'eau qu'il fallait boire pour vivre et le pain de tous les jours.

Quand je t'ai prise à Colchos, tu n'étais qu'une fille plus belle et plus dure que les autres que j'avais conquise avec la Toison et que j'emportais. C'est ce Jason-là que tu regrettes? Je t'emportais comme l'or de ton père, pour te dépenser vite, pour t'user joyeusement comme lui. Et puis après, mon Dieu, il me restait ma barque, mes compagnons fidèles et d'autres aventures à courir. Je t'ai d'abord aimée comme toi, Médée: à travers moi. Le monde était Jason, la joie de Jason, son courage et sa force — sa faim. Et si nous avions tous les deux de grandes dents, on verrait bien un jour qui dévorerait l'autre...

Et puis un soir, un soir qui ressemblait pourtant à tous les autres, tu t'es endormie à table comme une petite fille, la tête contre moi. Et ce soir-là, où tu n'étais peut-être que fatiguée de la route trop longue, je me suis soudain senti chargé de toi. Une minute avant, j'étais Jason encore et je n'avais que mon plaisir à prendre dans ce monde, durement. Il a suffi que tu te taises, que ta tête glisse sur mon épaule et cela a été fini... Les autres continueraient à rire ou à parler autour de moi, mais je venais de les quitter. Le jeune homme Jason était mort. J'étais ton père et ta mère; j'étais celui qui portait la tête de Médée endormie sur lui. Que rêvais-tu, toi, dans ta petite cervelle de femme, pendant que je me chargeais ainsi de toi? Je t'ai emportée sur notre lit, et je ne t'ai pas aimée, pas même désirée, ce soir-là. Je t'ai seulement regardée dormir. La nuit était calme, nous avions devancé depuis longtemps les poursuivants de ton père, mes compagnons veillaient en armes autour de nous et pourtant je n'ai pas osé fermer les yeux. Je t'ai défendue, Médée — contre rien d'ailleurs — toute cette nuit-là.

Au matin, la fuite a repris et les jours ont ressemblé aux autres mais, peu à peu, tous ces garçons qui m'avaient suivi les premiers sur la mer inconnue, tous ces petits gars d'Iolchos qui étaient prêts à attaquer des monstres avec leurs armes fragiles sur un signe de moi, ont eu peur. Ils ont compris que je n'étais plus leur chef, que je ne les mènerais plus chercher rien, nulle part, maintenant que je t'avais trouvée. Leur regard était triste et un peu méprisant peut-être, mais ils ne m'ont pas fait de reproches. Nous avons partagé l'or et ils nous ont laissés. Le monde alors a pris sa forme. La forme que je croyais lui voir garder toujours. Le monde est devenu Médée...

Les as-tu oubliés ces jours où nous n'avons rien fait, rien pensé l'un sans l'autre? Deux complices devant la vie devenue dure, deux petits frères qui portaient leur sac côte à côte tout pareils, à la vie à la mort, les manches retroussées, et pas d'histoires, chacun la moitié du barda,[41] chacun son couteau dans les coups durs, la moitié des fatigues, la moitié de la bouteille au repas. Je t'aurais fait honte si je t'avais rendu la main quand le passage était difficile, si je t'avais offert de t'aider. Jason ne commandait plus qu'un seul petit argonaute. Ma petite armée frêle aux cheveux levés dans un mouchoir, aux yeux clairs et droits, c'était toi. Mais je pouvais conquérir le monde encore avec ma petite troupe fidèle!... Au premier matin sur l'*Argo*, avec mes trente matelots qui m'avaient donné leur vie, je ne m'étais pas senti si fort... Et le soir, à la halte, le soldat et le capitaine[42] se déshabillaient côte à côte, tout surpris de se retrouver un homme et une femme sous leurs deux blouses pareilles, et de s'aimer.

Nous pouvons être malheureux maintenant, Médée nous pouvons nous déchirer et souffrir. Ces jours nous ont été donnés, et il ne peut y avoir jamais de honte ou de sang qui les tachent...

Un silence. Il rêve un peu. Médée s'est accroupie par terre pendant qu'il parlait, ses bras autour de ses genoux, la tête cachée. Il s'accroupit par terre près d'elle sans la regarder.

Après, le petit soldat a repris son visage de femme et le capitaine a dû redevenir un homme lui aussi et nous avons commencé à nous faire mal. D'autres filles sont passées dans les rues que je ne pouvais pas m'empêcher de regarder. J'ai entendu pour la première fois, étonné, ton rire fuser avec d'autres hommes et puis tes mensonges sont venus. Un seul d'abord, qui nous a suivi longtemps comme une bête venimeuse dont nous n'osions pas fixer le regard en nous détournant, puis d'autres, chaque jour plus nombreux. Et le soir quand nous nous prenions en silence, honteux de nos corps encore complices, tout leur troupeau grouillait et respirait autour de nous dans la nuit. Notre haine a dû naître alors d'une de ces luttes sans tendresse et nous avons été trois désormais à fuir, elle entre nous. Mais pourquoi redire ce qui est mort? Ma haine aussi est morte...

Il s'est arrêté. Médée dit doucement.

MÉDÉE

Si nous ne veillons que des choses mortes, pourquoi avons-nous si mal, tous les deux, Jason?

JASON

Parce que toutes les choses sont dures à naître dans ce monde et dures à mourir aussi.

MÉDÉE

Tu as souffert?

JASON

Oui.

MÉDÉE

En faisant ce que je faisais, je n'étais pas plus heureuse que toi.

JASON

Je le sais.

Un temps.

MÉDÉE, *demande sourdement.*

Pourquoi es-tu resté si longtemps?

JASON, *a un geste.*

Je t'ai aimée, Médée. J'ai aimé notre vie forcenée. J'ai aimé le crime et l'aventure avec toi. Et nos étreintes, nos sales luttes de chiffonniers, et cette entente de complices que nous retrouvions le soir, sur la paillasse, dans un coin de notre roulotte, après nos coups. J'ai aimé ton monde noir, ton audace, ta révolte, ta connivence avec l'horreur et la mort, ta rage de tout détruire. J'ai cru avec toi qu'il fallait toujours prendre et se battre et que tout était permis.

MÉDÉE

Et tu ne le crois plus ce soir?

JASON

Non. Je veux accepter maintenant.

MÉDÉE, *murmure.*

Accepter?

JASON

Je veux être humble. Ce monde, ce chaos où tu me menais par la main, je veux qu'il prenne une forme enfin. C'est toi qui as raison sans doute en disant qu'il n'est pas de raison, pas de lumière, pas de halte, qu'il faut toujours fouiller les mains sanglantes, étrangler et rejeter tout ce qu'on arrache. Mais je veux m'arrêter, moi, maintenant, être un homme. Faire sans illusions peut-être, comme ceux que nous méprisions; ce qu'ont fait mon père et le père de mon père et tous ceux qui ont accepté avant nous, et plus simplement que nous, de déblayer une petite place où tienne l'homme dans ce désordre et cette nuit.

MÉDÉE

Tu le pourras, tu crois?

JASON

Sans toi, sans ton poison bu tous les jours, je le pourrai, oui.

MÉDÉE

Sans moi. Tu as donc pu imaginer un monde sans moi, toi?

JASON

Je vais l'essayer de toutes mes forces. Je ne suis plus assez jeune à présent pour souffrir. Ces contradictions épouvantables, ces abîmes, ces blessures, je leur réponds maintenant par le geste le plus simple qu'ont inventé les hommes pour vivre; je les écarte.

MÉDÉE

Tu parles doucement, Jason, et tu dis des mots terribles. Comme tu es sûr de toi. Comme tu es fort.

JASON

Oui, je suis fort!

MÉDÉE

Race d'Abel,[43] race des justes, race des riches, comme vous parlez tranquillement. C'est bon, n'est-ce pas, d'avoir le ciel pour soi et aussi les gendarmes. C'est bon de penser un jour comme son père et le père de son père, comme tous ceux qui ont eu raison depuis toujours. C'est bon d'être bon, d'être noble, d'être honnête. Et tout cela, donné un beau matin, comme par hasard, quand viennent les premières fatigues, les premières rides, le premier or. Joue le jeu, Jason, fais le geste, dis oui! Tu te prépares une belle vieillesse, toi!

JASON

Ce geste j'aurais voulu le faire avec toi, Médée. J'aurais tout donné pour que nous devenions deux vieux, l'un à côté de l'autre, dans un monde apaisé. C'est toi qui ne l'as pas voulu.

MÉDÉE

Non!

JASON

Poursuis ta course. Tourne en rond, déchire-toi, bats-toi, méprise, insulte, tue, refuse tout ce qui n'est pas toi. Moi, je m'arrête. Je me contente. J'accepte ces apparences aussi durement, aussi résolument que je les ai refusées autrefois avec toi. Et s'il faut continuer à se battre, c'est pour elles maintenant que je me battrai, humblement, adossé à ce mur dérisoire, construit de mes mains entre le néant absurde et moi.

Un temps. Il ajoute.

Et c'est cela, sans doute, en fin de compte — et pas autre chose — être un homme.

MÉDÉE

N'en doute pas, Jason. Tu es un homme maintenant.

JASON

J'accepte ton mépris, avec ce nom.

Il s'est levé.

Cette jeune fille est belle. Moins belle que toi quand tu m'es apparue ce premier soir de Colchide et je ne l'aimerai jamais comme je t'ai aimée. Mais elle est neuve, elle est simple, elle est pure. Je vais la recevoir sans sourire des mains de son père et de sa mère, tout à l'heure, dans le soleil du matin, avec sa robe blanche et son cortège de petits enfants... De ses doigts gauches de petite fille, j'attends l'humilité et l'oubli. Et, si les dieux le veulent, ce que tu hais le plus au monde, ce qui est le plus loin de toi: le bonheur, le pauvre bonheur.

Un silence, il s'est tu. Médée murmure.

MÉDÉE

Le bonheur...

Un silence encore. Elle dit soudain d'une petite voix humble, sans bouger.

Jason, c'est dur à dire, presque impossible. Cela m'étrangle et j'ai honte. Si je te disais que je vais essayer maintenant avec toi, tu me croirais?

JASON

Non.

MÉDÉE, *après un temps.*

Tu aurais raison.

Elle ajoute, la voix neutre.

Voilà. Nous avons tout dit, n'est-ce pas?

JASON

Oui.

MÉDÉE

Tu as fini, toi. Tu es lavé. Tu peux t'en aller maintenant. Adieu, Jason.

JASON

Adieu, Médée. Je ne peux pas te dire: sois heureuse... Sois toi-même.

Il est sorti, Médée murmure encore:

MÉDÉE

Leur bonheur...

Elle se dresse soudain et crie à Jason disparu.

Jason! Ne pars pas ainsi. Retourne-toi![44] Crie quelque chose. Hésite, aie mal! Jason, je t'en supplie, il suffit d'une minute de désarroi ou de doute dans tes yeux pour nous sauver tous!...

Elle court après lui, s'arrête et crie encore.

Jason! Tu as raison, tu es bon, tu es juste et tout est sur mon dos pour toujours. Mais une seconde, une seule petite seconde, doutes-en! Retourne-toi et je serai peut-être délivrée...

Son bras retombe, lassé, Jason doit être loin. Elle appelle d'une autre voix.

Nourrice.

La nourrice paraît sur le seuil de la roulotte.

Le jour va se lever bientôt. Réveille les enfants, habille-les comme pour une fête. Je veux qu'ils aillent porter mon cadeau de noces à la fille de Créon.

LA NOURRICE

Ton cadeau, pauvre! Que te reste-t-il donc à donner!

MÉDÉE

Dans la cachette, le coffre noir que j'ai emporté de Colchos. Apporte-le.

LA NOURRICE

Tu avais défendu qu'on y touche! Que Jason même sache qu'il existait.

MÉDÉE

Va le chercher, la vieille, et sans parler. On n'a plus le temps de t'écouter, toi. Il faut que tout aille terriblement vite maintenant. Donne le coffre aux enfants et conduis-les jusqu'en vue de la ville; qu'ils demandent le palais du roi, qu'ils disent que c'est un cadeau de leur mère Médée pour l'épousée... Qu'ils le remettent entre ses mains et qu'ils reviennent. Écoute encore. Le coffre contient un voile d'or et un diadème, restes du trésor de ma race. Qu'ils ne l'ouvrent pas, eux.

Elle crie soudain terrible à la vieille hésitante.

Obéis!

La vieille disparaît dans la roulotte. Elle ressortira plus tard silencieusement avec les enfants.

MÉDÉE

C'est maintenant, Médée, qu'il faut être toi-même... O mal! Grande bête vivante qui rampe sur moi et me lèche, prends-moi. Je suis à toi cette nuit, je suis ta femme. Pénètre-moi, déchire-moi, gonfle et brûle au milieu de moi. Tu vois, je t'accueille, je t'aide, je m'ouvre... Pèse sur moi de ton grand corps velu, serre-moi dans tes grandes mains calleuses, ton souffle rauque sur ma bouche, écoute-moi. Je vis enfin! Je souffre et je nais. Ce sont mes noces. C'est pour cette nuit d'amour avec toi que j'ai vécu.

Et toi, nuit pesante, nuit bruissante de cris étouffés et de luttes, nuit grouillante du bond de toutes les bêtes qui se pourchassent, qui se prennent, qui se tuent, attends encore un peu s'il te plaît, ne passe pas trop vite... O bêtes innombrables autour de moi, travailleuses obscures de cette lande, innocents terribles, tueuses... C'est cela qu'ils appellent une nuit calme, les hommes, ce grouillement géant d'accouplements silencieux et de meurtres. Mais je vous sens moi, je vous entends toutes ce soir pour la première fois, au fond des eaux et des herbes, dans les arbres, sous la terre... Un même sang bat dans nos veines. Bêtes de la nuit, étrangleuses, mes sœurs! Médée est une bête comme vous! Médée va jouir et tuer comme vous. Cette lande touche à d'autres landes et ces landes à d'autres encore jusqu'à la limite de l'ombre, où des millions de bêtes pareilles se prennent et égorgent en même temps. Bêtes de cette nuit! Médée est là, debout au milieu de vous, consentante et trahissant sa race. Je pousse avec vous votre cri obscur. J'accepte comme vous, sans plus vouloir comprendre le noir commandement. J'écrase du pied, j'éteins la petite lumière. Je fais le geste honteux. Je prends sur moi, j'assume, je revendique. Bêtes, je suis vous! Tout ce qui chasse et tue cette nuit est Médée!

LA NOURRICE, *entre soudain.*

Médée! Les enfants ont dû arriver au palais et une grande rumeur s'élève de la ville. Je ne sais pas quel est ton crime, mais l'air en retentit déjà. Attelle vite, fuyons, gagnons la frontière.

MÉDÉE

Moi fuir? Mais si j'étais déjà partie, je reviendrais pour jouir du spectacle.

LA NOURRICE

Quel spectacle.

LE GARÇON, *surgit.*

Tout est perdu! La royauté, l'État sont tombés. Le roi et sa fille sont morts!

Morts si vite? Comment?

LE GARÇON

Deux enfants sont venus à l'aube porter un présent à Créuse, un coffre noir qui contenait un voile richement brodé d'or et un diadème précieux. A peine les eut-elle touchés, à peine s'en fut-elle parée, comme une petite fille curieuse devant sa glace, Créuse a changé de couleur, elle est tombée se tordant dans d'horribles souffrances, défigurée par le mal.

MÉDÉE, *crie.*

Laide? Laide comme la mort n'est-ce pas?

LE GARÇON

Créon est accouru, il a voulu la prendre, arracher le voile et le cercle d'or qui tuaient sa fille, mais à peine les a-t-il touchés, voilà que lui aussi pâlit. Il hésite un instant, l'horreur dans ses yeux, puis s'écroule, hurlant de douleur. Ils sont couchés l'un contre l'autre maintenant, expirant dans les soubresauts et mélangeant leurs membres et personne n'ose approcher d'eux. Mais le bruit court que c'est toi qui as envoyé le poison. Les hommes ont pris leurs bâtons, leurs couteaux; ils accourent vers la roulotte. J'ai couru devant, tu n'auras même pas le temps de te disculper. Fuis, Médée.

MÉDÉE, *crie.*

Non!

Elle crie au petit qui se sauve.

Merci, petit, merci pour la seconde fois! Fuis, toi. Il vaut mieux ne pas me connaître. Aussi longtemps que les hommes se souviendront, il vaudra mieux ne pas m'avoir connue!

Elle se tourne vers le nourrice.

Prends ton couteau, nourrice, égorge le cheval, qu'il ne reste rien de Médée tout à l'heure. Mets des fagots sous la roulotte, nous allons faire un feu de joie comme en Colchide. Viens!

LA NOURRICE

Où m'entraînes-tu?

MÉDÉE

Tu le sais. La mort, la mort est légère. Suis-moi, la vieille, tu verras! Tu as fini de traîner tes vieux os qui te font mal et de geindre. Tu vas te reposer enfin, un long dimanche!

LA NOURRICE, *se détache hurlant.*

Je ne veux pas, Médée! Je veux vivre!

MÉDÉE

Combien de temps, vieillarde, la mort sur ton dos?

Les enfants entrent en courant et viennent se jeter effrayés dans les jupes de Médée.

MÉDÉE, *s'arrête.*

Ah! Vous voilà vous deux? Vous avez peur? Tous ces gens qui courent et qui hurlent, ces cloches... Tout va se taire.

Elle tire leurs têtes en arrière, regarde leurs yeux et murmure.

Innocences! Piège des yeux d'enfants, petites brutes sournoises, têtes d'hommes. Vous avez froid? Je ne vous ferai pas de mal. Je ferai vite. Juste le temps de l'étonnement de la mort dans vos yeux.

Elle les caresse.

Allons, que je vous rassure, que je vous serre une minute, petits corps chauds. On est bien contre sa mère; on n'a plus peur. Petites vies tièdes sorties de mon ventre, petites volontés de vivre et d'être heureux...

Elle crie soudain.

Jason! Voilà ta famille, tendrement unie. Regarde-la. Et puisses-tu te demander toujours si Médée n'aurait pas aimé, elle aussi, le bonheur et l'innocence. Si elle n'aurait pas pu être, elle aussi, la fidélité et la foi. Quand tu souffriras, tout à l'heure, et jusqu'au jour de ta mort, pense qu'il y a eu une petite fille Médée exigeante et pure autrefois. Une petite Médée tendre et bâillonnée au fond de l'autre. Pense qu'elle aura lutté toute seule, inconnue, sans une main tendue et que c'était elle, ta vraie femme! J'aurais voulu, Jason, j'aurais peut-être voulu moi aussi que cela dure toujours et que ce soit comme dans les histoires! Je veux, je veux, en cette seconde encore, aussi fort que lorsque j'étais petite, que tout soit lumière et bonté! Mais Médée innocente a été choisie pour être la proie et le lieu de la lutte... D'autres plus frêles ou plus médiocres peuvent glisser à travers les mailles du filet jusqu'aux eaux calmes ou à la vase; le fretin, les dieux l'abandonnent. Médée, elle, était un trop beau gibier dans le piège: elle y reste. Ce n'est pas tous les jours qu'ils ont cette aubaine, les dieux, une âme assez forte pour leurs rencontres, leurs sales jeux. Ils m'ont tout mis sur le dos et ils me regardent me débattre. Regarde avec eux, Jason, les derniers sursauts de Médée! J'ai l'innocence à égorger encore dans cette petite fille qui aurait tant voulu et dans ces deux petits morceaux tièdes de moi. Ils attendent ce sang, là-haut, ils n'en peuvent plus, de l'attendre!

Elle entraîne les enfants vers la roulotte.

Venez, petits, n'ayez pas peur. Vous voyez, je vous tiens, je vous caresse et nous rentrons tous trois à la maison...

Ils sont rentrés dans la roulotte. La scène reste vide un instant. La nourrice reparaît hagarde, comme une bête qui se cache, elle appelle.

LA NOURRICE

Médée! Médée! Où es-tu? Ils arrivent!

Elle recule et crie soudain.

Médée!

Des flammes ont jailli de partout, elles entourent la roulotte. Jason entre rapidement à la tête des hommes armés.

JASON

Éteignez ce feu! Saisissez-vous d'elle!

MÉDÉE, *paraît à la fenêtre de la roulotte et crie.*

N'approche pas, Jason! Interdis-leur de faire un pas!

JASON, *s'arrête.*

Où sont les enfants?

MÉDÉE

Demande-le-toi une seconde encore que je regarde bien tes yeux.

Elle lui crie.

Ils sont morts, Jason! Ils sont morts égorgés tous les deux, et avant que tu aies pu faire un pas, ce même fer va me frapper. Désormais j'ai recouvré mon sceptre, mon frère, mon père et la toison du belier d'or est rendue à la Colchide: j'ai retrouvé ma patrie et la virginité que tu m'avais ravies![45] Je suis Médée, enfin, pour toujours! Regarde-moi avant de rester seul dans ce monde raisonnable, regarde-moi bien, Jason! Je t'ai touché avec ces deux mains-là, je les ai posées sur ton front brûlant pour qu'elles soient fraîches et d'autres fois brûlantes sur ta peau. Je t'ai fait pleurer, je t'ai fait aimer. Regarde-les, ton petit frère et ta femme, c'est moi. C'est moi! C'est l'horrible Médée! Et essaie maintenant de l'oublier!

Elle se frappe et s'écroule dans les flammes qui redoublent et enveloppent la roulotte.[46] Jason arrête d'un geste les hommes qui allaient bondir et dit simplement.

JASON

Oui, je t'oublierai. Oui, je vivrai et malgré la trace sanglante de ton passage à côté de moi, je referai demain avec patience mon pauvre échafaudage d'homme sous l'œil indifférent des dieux.

Il se tourne vers les hommes.

Qu'un de vous garde autour du feu jusqu'à ce qu'il n'y ait plus que des cendres, jusqu'à ce que le dernier os de Médée soit brûlé. Venez, vous autres. Retournons au palais. Il faut vivre maintenant, assurer l'ordre, donner des lois à Corinthe et rebâtir sans illusions un monde à notre mesure pour y attendre de mourir.

Il est sorti avec les hommes sauf un qui se fait une chique et prend morosement la garde devant le brasier. La nourrice entre et vient timidement s'accroupir près de lui dans le petit jour qui se lève.

LA NOURRICE

On n'avait plus le temps de m'écouter moi. J'avais pourtant quelque chose à dire. Après la nuit vient le matin et il y a le café à faire et puis les lits. Et quand on a balayé, on a un petit moment tranquille au soleil avant d'éplucher les légumes. C'est alors que c'est bon, si on a pu grappiner quelques sous, la petite goutte chaude au creux du ventre. Après on mange la soupe et on nettoie les plats. L'après-midi, c'est le linge ou les cuivres et on bavarde un peu avec les voisines et le souper arrive tout doucement... Alors on se couche et on dort.

LE GARDE, *après un temps.*

Il va faire beau aujourd'hui.

LA NOURRICE

Ça sera une bonne année. Il y aura du soleil et du vin. Et la moisson?

LE GARDE

On a fauché la semaine dernière. On va rentrer demain ou après-demain si le temps se maintient.

LA NOURRICE

La récolte sera bonne par chez vous?

LE GARDE

Faut pas se plaindre. Il y aura encore du pain pour tout le monde cette année-ci.

Le rideau est tombé pendant qu'ils parlaient.

FIN DE MÉDÉE

NOTES TO EURYDICE

1 The 'répétition générale' of *Eurydice* took place on 17 December 1941 at the Théâtre de l'Atelier, with the following cast: Orphée, Alain Cuny; le Père, Jean Dasté; Eurydice, Monelle Valentin; la Mère, Madeleine Geoffroy; Vincent, J-H. Chambois; Mathias, Roger-Maxime; Dulac, Alfred Adam; le petit régisseur, Jacques Jeaunet; la jeune fille, Annie Talbert; M. Henri, Auguste Boverio; le garçon d'hôtel, Léonce Corne; le chauffeur, Marcel Pérès; le secrétaire du commissariat, André Schlesser; le garçon du buffet, Eugène Yvernès; la caissière, Suzanne Dalthy. 'Mise en scène et décors d'André Barsacq'.

The play had 90 public performances. This is a fairly short run compared with that of other Anouilh plays in the 1940s (e.g. *Le Bal des voleurs* 412, *Antigone* 645, *Le Rendez-vous de Senlis* 232, with only three or four plays having fewer than 90), but some allowance may be made for the fact that the run took place in a particularly tense and restrictive period of the German occupation.

2 'On la connaît, la ficelle' — 'that's an old trick'. This cynical but humorous observation of popular *mores* is typical of the way Anouilh fleshes out his earthy realists.

3 Palavas-les-Flots: a seaside resort on the Mediterranean coast near Montpellier.

4 A nicely judged piece of comic characterization through name dropping (Sarah Bernhardt, the great and legendary French actress, 1844–1923) and affected anglicism, (*pippermint* is normally *menthe*, mint cordial). Mme. de Montalembreuse, *comédienne*, is also proud of her acquaintance with the great Sarah in *Le Rendez-vous de Senlis*: 'Sarah Bernhardt, elle, ne sortait pas. Elle restait en scène, carrément, jusqu'à l'acclamation finale!' (*Pièces roses*, La Table Ronde, p. 263).

5 *Les Burgraves* is a weighty historical drama by Victor Hugo (1843). It is set in medieval Germany and has a large number of characters, some of whom have enormous beards. A more implausible part of the company's repertory would be difficult to imagine.

6 *Le Déshonneur de Geneviève*: no play with this title appears to exist. It has doubtless been invented by Anouilh to evoke the pathos of nineteenth-century melodrama, and as such is comic in this context.
7 *Le un et le deux*: 'the first and second acts'.
8 The whole of Vincent's last speech is from a famous scene (Act 2, Scene 5) in Alfred de Musset's Romantic drama *On ne badine pas avec l'amour* (1834). Once again Anouilh makes play with comic incongruity, in that Vincent is wholly miscast as the *jeune premier* Perdican. The comedy of this situation will be apparent even to those who are not familiar with Musset's play just from the disparity between Vincent's (and Lucienne's) character and the lines he unconsciously appropriates. At the same time this comic character building is a thematic anticipation of M. Henri's anti-Romantic demonstration in Act 4.
9 *La Vierge folle* (1910) is by Henri Bataille (1872–1922), who had a run of sexually audacious dramas (*La Femme nue, La Marche nuptiale*, etc.) typical of the late *belle époque* period just before the First World War. They are precisely the kind of play against which Gide and Copeau inveighed, cf. Introduction.
10 'Je suis maigre... pas une de ces femmes sur lesquelles on s'appuie confortablement'. Eurydice is a typical Anouilh heroine in being somewhat defeminized by the standards of what is normally considered to be female attractiveness. The physical type is epitomized by Antigone, who contrasts strongly with her sister Ismène.
11 Greta Garbo, Swedish film star (b. 1905) with a legendary personality in the 1920s and 1930s. With her height (not actually two meters!), physical beauty, and famous laconic, brooding roles ('I want to be alone'), she is an appropriate antithesis for Eurydice to choose.
12 'Il suffit de ne penser à rien, c'est à la portée de toutes les femmes.' — Ismène similarly depreciates her sex when she tries to win Antigone back to what she believes to be female orthodoxy: 'C'est bon pour les hommes de croire aux idées et de mourir pour elles. Toi tu es une fille.'
13 *Les Mystères de New York*: one of the first great successes of the serialised cinema about the time of the First World War. The French director Louis Gasnier made his name in America with *The Perils of Pauline*, the star of which was Pearl White (1889–1938). These primitive thrillers, and the star herself, were as well known in France as in the English-speaking world in the 1920s. *Le Masque aux dents blanches* was *The Laughing Mask* in its American version.

14 Exactly the illusion, and the gruesome reality, experienced by Flaubert's frustrated Romantic, Emma Bovary. The 'jeune homme' turns out to be M. Henri, and in being so familiar with death and the processes of dying he may be perceived in this passage as a modern equivalent of Hermes.

15 *Les Deux Orphelines*: a famous melodrama by d'Ennery and Cormon (1874).

16 Eurydice allows Orphée to believe that she has adopted local usage, 'Adieu' for 'Au revoir' or 'A tout à l'heure'.

17 This surprise is representative of Anouilh's willingness to incorporate into his plays the *ficelles* of popular entertainment melodramas, boulevard thrillers — and the mystery films that Orphée and Eurydice have just been talking about.

18 'Il y a deux races d'êtres...' — one of the most quoted speeches in the whole of Anouilh's theatre.

19 *La Tosca*: Puccini's opera (1900), based on Sardou's play of 1887.

20 'Le rétroviseur'; driving mirror. In his film *Orphée* (1950) Jean Cocteau will also make use of a *rétroviseur* to bring about Eurydice's death (but the second and permanent one).

21 End of flashback. But instead of fading out with the lighting, the *régisseur* stays in the scene and is integrated into the continuous 'present'. In Anouilh's very Pirandellian play *La Grotte* (1960) a character called 'L'Auteur' is ironic in his attitude to the flashback: 'Ce qu'on a pu en voir de retours en arrière depuis trente ans! Une littérature de crabes. J'en ai abusé, d'ailleurs, comme les autres.' (La Table Ronde, p. 33.)

22 At this point in the original Paris production some members of the audience not unreasonably felt that the play had ended and got up to leave. In Peter Ashmore's London production of the play (translated by Kitty Black with the title *Point of Departure*, and with Dirk Bogarde and Mai Zetterling in the leading rôles) Anouilh's Act 4 simply became Scene 2 of Act 3. The two scenes were linked out by a fade out/fade in in the middle of the father's speech about the gastronomic delights of Perpignan. His last line, 'La belle vie, quoi, fiston, la belle vie..', with its effect of final curtain pathos was cut from the English production.

23 'Merveillitas' — a comic touch on Anouilh's part: the enormousness of the cigar is exceeded only by the enormity of the exotic French/'Spanish' linguistic coinage '*un* merveill*itas*'.

24 A 'bouillon' is a cheap restaurant.

25 Niort is a small town of about thirty thousand inhabitants in Western France, and a typical Anouilh choice for comic incongruity.

26 A rare venture by Anouilh into the supernatural. He is deliberately vague about the means — presumably suicide — by which Orphée allows himself to be seduced by M. Henri into joining Eurydice in death.

NOTES TO MÉDÉE

27 *Médée* had its 'répétition générale' on 25 March 1953 at the Théâtre de l'Atelier: 'tragédie de Jean Anouilh. Décor et costumes d'André Bakst. Mise en scène d'André Barsacq.' The cast was as follows: Médée, Michèle Alfa; Jason, Jean Servais; la Nourrice, Mady Berry; Créon, Lucien Blondeau; Premier Garde, Pierre Goutas; Deuxième Garde, Henry Djanik; un Garçon, Jean-Paul Belmond (*sic*).

If Jean-Paul Belmondo was thus just making his beginnings in small stage parts at this time before turning to cinema, Monelle Valentin was on the way out. She was to have played Médée, but then it was announced that because of her 'état de santé' she would alternate with Michèle Alfa. In fact the latter acted in all 32 performances. The failure of the play was more than a little due to this unfortunate actress's singular inadequacy — 'une petite bonne femme d'assez médiocre allure'... 'menue, gringallette'... 'n'exprimant rien et débitant son rôle à peu près comme on lit un texte à la radio' etc. Jason, however, Jean Servais, was an experienced actor who created many leading rôles in the serious French theatre at this time.

The other half of this double bill was a fairly well received comedy by Georges Neveux, *Zamore* ('tragédie-bouffe').

28 *Le bonheur. Il rôde...* As early as line 3 Anouilh is into his distinctive theme even before the *ouvreuses* have been paid.

29 Colchis, the homeland of Medea, was at the eastern end of the Black Sea (the Euxine), hence her barbarian status as an Asiatic.

30 Jason was the son of King Aeson of Iolcos in Thessaly. On reaching manhood, and his father being dead, he claimed the throne, which had been usurped by his uncle Pelias. Recognizing Jason as the man who, according to an oracle, was destined to kill him, Pelias tried to get rid of him by agreeing to yield if he would first bring back the golden fleece from Colchis. Jason embarked in the Argo with a crew of heroes of Greece (including Orpheus). After many adventures the Argonauts reached Colchis where King Aeëtes promised to surrender the fleece if Jason performed some seemingly impossible tasks.

The King's daughter Medea fell in love with Jason, and used her skill in sorcery to help him perform the tasks, seize the fleece and return to Iolcos. In their flight, Medea murdered her brother Absyrtus and scattered the pieces of his body so that her father would be delayed in his pursuit.

31 The Pelasgians were the earliest pre-Hellene inhabitants of Greece, according to legend.
32 On returning with Jason and the golden fleece to Iolcos, Medea tried to secure the throne for Jason by using her cunning to bring about the death of Pelias. But she and Jason were expelled and eventually took refuge in Corinth. Here Jason intended to repudiate Medea and marry Creusa ('Glaukè' in Euripides), daughter of King Creon.
33 Medea rejuvenated Aeson by boiling him in a cauldron with a magic concoction. She persuaded Pelias's daughters to do the same with him, but left out vital herbs and he was killed.
34 cf. Seneca's 'Medea superest' (l. 166).
35 cf. Seneca's 'I, querere Colchis' (l. 197).
36 This detail is taken from Seneca; in Euripides the children are to be expelled with Medea.
37 cf. Seneca, ll. 447–9.
38 Jason was commanded by Aeëtes to yoke two fire-breathing bulls, plough the immense field of Ares, and sow it with serpent's teeth. Aided by Medea's sorcery, Jason was able to defeat the armed men who grew from the teeth, and then steal the fleece from under the jaws of the dragon guarding it.
39 cf. Seneca, ll. 451–9.
40 This episode — and interpretation of Jason and Medea's relationship — is unique to Anouilh.
41 *barda*: soldier's pack.
42 cf. *Eurydice*, p. 78.
43 Abel, the second son of Adam, was slain by his elder brother Cain out of jealousy: 'By faith Abel offered unto God a more excellent sacrifice than Cain' (*Hebrews*, XI, 4), and 'the Lord had respect unto Abel and to his offering, but unto Cain and to his offering he had not respect.' (*Genesis*, IV, 1–6, etc.) Abel was thus deemed 'righteous' (hence 'race des justes') and may be considered a moral archetype — by those who consider it a virtue to yield to the murderous threats and manipulations indulged in by the God of the Old Testament. As such, however, Abel has not appealed to the European imagination to anything like the same extent as his antithesis, Cain. This biblical intrusion into the Greek context is strange, and of a different order from Anouilh's other more obvious anachronisms.

44 The inverse of Eurydice's plea, cf. this edition, p. 117.
45 cf. Seneca, ll. 982–4: 'Iam iam recepi sceptra germanum patrem, / spoliumque Colchi pecudis auratae tenent; / rediere regna, rapta virginitas redit'.
46 Only in Anouilh does Medea die thus. In Euripides she escapes in a chariot drawn by winged serpents to Athens, where she is granted asylum by King Aegeus. She subsequently has many adventures (e.g. with Theseus) according to various ancient accounts. For a summary of these see Robert Graves' *The Greek Myths*, vol. 2, pp. 253–8 (Penguin, 1955). Jason was killed when a piece of the Argo's timbers fell on his head.